JN451280

광고비평방법

나남
nanam

나남신서 1376

광고비평방법

2009년 1월 15일 발행
2011년 5월 5일 2쇄

지은이_ 김병희 · 강승구 · 원용진
발행자_ 趙相浩
발행처_ (주) 나남
주소_ 413-756 경기도 파주시 교하읍
출판도시 518-4
전화_ 031) 955-4600 (代)
FAX_ 031) 955-4555
등록_ 제 1-71호(1979. 5. 12)
홈페이지_ www.nanam.net
전자우편_ post@nanam.net

ISBN 978-89-300-8376-8
ISBN 978-89-300-8001-9 (세트)
책값은 뒤표지에 있습니다.

광고비평방법

김병희 · 강승구 · 원용진

나남
nanam

The Methods of Advertising Criticism

by

Byoung Hee Kim · Seung Koo Kang · Yong Jin Won

nanam

광고비평을 좀더 잘해보자는 뜻

광고관련 글들이 전에 없이 많아졌다. 광고 보기를 즐겨하고, 광고 일을 꿈꾸는 젊은이들이 많아진 탓이라 여겨진다. 광고 창작자, 전문 비평가들뿐만 아니라 광고 수용자들도 그 대열에 줄을 서고 있다. 그런 탓에 광고관련 글들의 폭은 상당히 넓은 편이다. 화제의 광고모델 이야기로부터 시작해서 광고 촬영시의 뒷이야기 같은 신변잡기, 국내 신작광고에 대한 홍보성 기사, 새로운 기법이나 아이디어를 담은 해외광고의 소개, 인터넷 매체에 수시로 올라오는 네티즌들의 광고평, 비평이나 리뷰의 형식을 띤 광고분석, 그리고 광고 메시지에 관한 학술논문에 이르기까지 하루에도 수많은 광고담론이 쏟아져 나온다.

이런 현상은 광고 텍스트가 대중화된다는 맥락에서는 반가운 일이다. 그렇다고 이런저런 광고관련 글들이 범람하는 것을 두고 긍정적인 점수만을 매길 수는 없는 노릇이다. 재미를 주지도 않을 뿐더러 정보조차 제대로 전하지 않은 글들도 많은 탓이다. 광고를 비평한 글들조차도 광고에 대한 주관적인 생각을 배설하듯이 마구잡이로 써놓은 인상비평도 많다. 그 같은 광고 이야기들의 범람은 광고담론의 수준을 낮출 뿐 아니라 광고에 대한 올바른 이해도 저해할 수 있다. 광고가 사회적으로 중요한 제도이고, 사회적 논의를 통해 사회적 기여를 높일 수 있는 가능성의 제도라면 그에 대한 담론수준도 비교적 높아야 한다.

광고비평은 비평장르 중에서 그리 인기가 높지는 않다. 우선 광고비평에 대한 인식이 낮은 편이라 그 존재 자체도 잘 받아들여지지 않고 있다. 영화비평이나 방송비평처럼 일상생활에 도움이 되는 비평이지만 현실을 보면 비평적 지위가 낮은 편이다. 광고담론의 수준을 높이는 일은 광고 전문가들의 과제이기도 하지만 광고비평에 대한 수용자의 눈높이를 높이는 작업을 통해서도 가능하다. 이런 점에서 광고와 관련된 이야기를 펼치기를 원하는 이들을 더 많이 끌어안고, 그들에게 체계적인 지침을 전하는 일은 중요한 일이라 하겠다. 우리가 이 책에서 의도한 비평적 초점이나 눈높이도 그쯤에 있다고 믿는다.

광고비평에 왕도가 있다고는 생각하지 않는다. 어떤 형태로

든 비평은 가능하고 체계를 갖추지 않았다고 해서 자격 미달이라고 말할 근거도 없다. 다만 체계적인 지침은 어떤 식으로든 방향성을 갈구하는 이들에게는 좋은 길잡이가 될 수 있을 것이라고 생각한 끝에 마련한 길잡이가 바로 이 책이다. 세 명의 저자들은 각자 자신의 연구영역에서 가장 편하게 말할 수 있는 비평방식을 택해 편한 방식으로 소개하기로 했다. 가능한 한 많은 광고 예를 들면서, 구체적인 분석에 한걸음 더 다가가도록 배려하였다. 물론 이런 스타일의 성패 여부는 독자가 판단할 몫이다. 세 명의 저자는 먼저 꼭 필요한 광고비평 방법을 다음과 같이 선정한 다음, 그에 알맞게 내용에 대해 설명했다.

제1장 "광고비평 방법을 찾아서"(김병희) 에서는 기존의 광고비평서에서 논의한 광고비평 방법에 대해 전반적으로 검토하였다. 광고비평 방법을 신화 비평, 기호학적 비평, 이데올로기 비평, 정신분석학적 비평, 사회학적 비평, 페미니즘 비평, 수용자반응 비평, 담론분석, 제도적 비평, 마케팅적 비평 같은 10가지로 구분하고 각 방법에 대해 간략히 소개한다.

제2장부터는 구체적인 광고비평 방법을 설명하였다. 제2장에서는 "광고의 기호학적 비평"(강승구) 에 대해 논의했는데 광

고를 문화의 한 장르로 이해하는 차원에서 상징 기호의 입체적 조감을 통해 상상의 폭을 넓혀주는 유용한 방법으로 보고, 광고가 단순한 상업행위를 넘어 기호학적 의미와 가치를 함유하고 있다는 사실을 제시하는 동시에 현대 광고를 기호학적으로 분석하는 구체적인 방법에 대해 알아보았다.

제3장과 제4장은 제2장의 속편에 해당한다. 제2장으로부터 점진적으로 진전된 논의를 비슷한 방식으로 제3장과 제4장에서 적고 있는 셈이다. 제3장 "신화 비평"(원용진)은 광고 속에 구조화된 일상적 신화의 논리와 효과를 드러내보는 비평방식으로 소개된다. 광고 속에 담긴 형식이나 내용을 분석해 그것이 사회에 미치는 영향력을 점검하는 동시에 주체의 구성과정을 담는다. 광고의 신화적 요소가 수용자를 부르고 수용자들이 다시 그 부름에 답하는 순간에 다시 주체가 구성되는 순간을 설명한다.

제4장에서는 "이데올로기 비평"(김병희)을 지배권력에 봉사하는 광고의 작동방식을 탐색하는 데 유용한 방식이라고 소개한다. 광고 속에 숨어있는 지배권력의 의도를 포착하고, 문화적 가공물이 수용자를 향해 특정 지식을 생산하는 방식에 집중

하여 현대 광고를 비판하는 동시에 건전한 소비사회에 필요한 구체적 전망을 제시하는 망원경의 역할을 기대하였다.

제5장 "페미니즘 비평"(원용진)에서는 광고를 비롯한 대중매체에 의해 조장되는 특정 집단에 대한 편견이나 왜곡된 재현에 대한 상징적 폭력을 폭로하고 제거하는 현상을 분석하였다. 성차(*gender*)와 성(*sex*)의 관점에서 성 자체를 상업화하는 자본주의 사회의 구조적 한계성에 대해서도 설명한다.

제6장 "사회학적 비평"(강승구)에서는 광고와 사회적 일탈행위, 광고와 사회적 병리현상, 광고와 라이프스타일의 관련성, 위해광고의 문제점, 유행어 창출 광고의 영향, 섹스어필 광고의 영향, 광고와 물질 만능주의의 문제를 다루며 광고와 사회 간 관계를 어떻게 설명할 것인지에 대해 논의한다.

제7장 "제도적 비평"(김병희)에서는 광고와 사회 간 관계 속에서 나무가 아닌 숲을 바라보자는 입장을 바탕으로 자본주의 리얼리즘으로서의 광고제도를 논의하다. 광고 비판론자와 광고 옹호론자 모두가 경계의 고삐를 늦추지 않은 상태에서 광고제도의 다양한 영역을 아우르는 다원주의적 관찰을 할 것을 권고한다.

제8장 "수용자 반응 비평"(원용진) 에서는 텍스트 의미가 그것을 찾아 나선 비평가나 이론가의 몫이 아니라 수용자의 몫임을 강조한다. 작가와 작가가 생산한 텍스트, 비평가와 비평가가 해석한 의미는 수용자가 해석한 의미와 다를 수 있음을 강조하고, 텍스트의 '빈자리' 논리를 펴며 텍스트라는 날줄과 수용자라는 씨줄에 의해 새롭게 짜이는 광고의 의미를 규명한다.

제9장 "마케팅적 비평"(강승구) 에서는 광고가 시장경제에 어떤 영향을 미치는지를 비평하는 방식에 대하여 소개한다. 광고가 상품의 가격을 올리는지, 시장의 독점을 조장하는지, 광고가 경기변동에 영향을 미치는지 같은 문제를 제기함으로써 광고가 마케팅 지상주의자들의 사리사욕을 채우기 위한 도구로 전락하는 것을 경계하고 있다. 아울러 매출 증대와 사회적 책임 간의 올바른 균형점을 찾을 수 있는 비평방법을 모색한다.

제10장 "담론분석"(김병희) 에서는 광고 창작자와 수용자가 주고받는 메시지의 상호작용은 물론 주어진 맥락에서 담론을 지배하는 언어학적 규칙이나 관습에 대해 설명한다. 특히, 담론 구성체에 대하여 비판적인 메스를 가하면서도 광고 창작자와 광고 수용자가 메시지를 탄생시키고 관계를 설정하는 방안을

정리한다.

제11장의 "정신분석학적 비평"(강승구)에서는 프로이트의 정신분석 연구에서 출발한 그동안의 정신분석학적 성과를 바탕으로, 소비자에게 충동적 동기를 유발하는 현대 광고의 공격적 성향과 본능은 물론 물욕과 소유욕에 대해서도 분석한다. 초과실재와 가상현실 속에서의 성취를 지향하는 현재적 카타르시스의 문제도 규명한다.

결론격인 제12장 "창작과 비평의 새로운 지평을 위하여"(김병희)에서는 창작과 비평이 상호작용을 할 때 한국의 광고표현 지평이 보다 탄탄해질 것이라는 전제를 바탕으로, 광고비평 방법론으로 무장한 전문 광고비평가 집단이 형성되어 적극적으로 활동하기를 기대하는 동시에 광고비평의 활성화에 관련된 향후 전망을 제시한다.

이 책의 원고는 모두 새로이 작성한 것들이다. 애초 한국 광고업계의 대표적 저널인 〈광고정보〉(한국방송광고공사 발행)에 "현대 광고, 어떻게 볼 것인가?"라는 주제로 세 명의 저자가 돌아가며 기고한 내용을 책 발간을 앞두고 모두 먼지를 털어내고 수정하였다. 이 기획 시리즈는 2000년 1월부터 11월까지 세 저자가 매월 돌아가면서 집필했으며, 연재를 마친 다음에 종합 대담으로 마무리하며 광고비평에 대한 향후 전망을 제시하였다("필자 좌담: 비평은 비난이 아닌 대안모색과 발전지향의 자리", 〈광고정보〉 2000년 12월호, 63~79쪽). 당시의 분위기로 보아 '광고비평'이라는 주제를 선정한 것부터가 파격적이었고 1년 동안이나 연재한 것은 더 큰 의미가 있었다.

이런 점에서 논의의 장을 마련해준 〈광고정보〉의 송은아 기자를 비롯한 편집진에게 가장 먼저 고마운 마음을 전하고 싶다. 광고에 대한 비판 자체가 터부시됐던 당시 상황에서 송은아 기자는 우리 세 사람의 필자들에게 든든한 힘이 되어주었다. 또한, 썩 대중적이지 않은 내용에도 불구하고 기꺼이 출판을 결정해주신 나남출판의 조상호 사장님과 방순영 편집부장께도 특별한 감사의 마음을 전한다. 모쪼록 이 책을 통하여 광고와 광고에 대한 글쓰기에 관심을 가진 이들이 보다 적극적이고 전문적으로 광고에 대해 말하는 법을 익히게 된다면 더 이상 바랄 것이 없겠다.

2009년 1월

김병희 · 강승구 · 원용진

나남신서 · 1376

광고비평방법

차 례

1

광고비평방법을 찾아서

*

현대의 소비자들은 광고와 대중문화에 대한 관심이 많다.[1] 이에 따라 각종 매체에는 자연스럽게 광고관련 기사나 리뷰 또는 광고 비평문이 자주 등장하고 있다. 현재 각종 매체에 등장하는 광고물에 대한 글쓰기 양상을 보면, 화제의 광고모델이나 광고 촬영시 뒷이야기 같은 신변잡기, 국내 신작광고에 대한 홍보성 기사, 새로운 기법이나 아이디어를 담은 해외광고의 소개, 인터넷을 통한 수용자들의 광고평, 비평이나 리뷰의 형식을 띤 광고분석, 그리고 광고에 관한 학술논문을 더하면 실로 무수한 광고담론이 생산되고 있다.

---

1 이 장의 전반적인 내용은 다음 글을 바탕으로 시간의 흐름과 지식의 축적을 반영하여 대폭 수정한 것이다. 김병희(2000), "광고를 보는 새로운 지평: 광고비평 서설", 《광고와 대중문화》, 한나래, 70~83쪽.

광고비평가 엄창호(2004)가 지적했듯이 보다 포괄적인 맥락에서 광고에 관한 담론들을 모두 광고비평으로 규정할 수도 있고,[2] 그렇지 않을 수도 있다. 현 단계에서 무엇보다 중요한 것은 광고관련 기사나 광고 비평문이 비평방법론에 바탕을 둔 전문적인 광고비평이든, 광고창작 과정을 뉴스 위주로 전달하는 단순한 광고관련 기사이든, 촬영현장의 후일담을 흥미위주로 전달하는 리뷰이든 관계없이, 광고에 대한 글쓰기가 과연 어떠한 함의를 갖는지를 알아볼 필요가 있다는 점이다.

비평이란 일정한 기준을 바탕으로 평가대상을 검사하는 작업으로 영어의 크리티시즘(*criticism*)과 리뷰(*review*)에 해당되는데,[3] 이제 문예비평이나 영화비평을 넘어 광고 텍스트가 비평의 주요 대상으로 떠오르고 있다. 광고비평과 비교적 밀접한 영역인 신문비평, 영화비평, 텔레비전비평 영역에서는 오래 전부터 비평과 연구가 활성화되었으나, 광고에 대한 비평과 연구는 상대적으로 저조했다. 일찍이 최창섭과 문영숙(1992)은 일반적으로 '좀더 나은' 또는 '보다 유익한' 광고를 만들어야 한다는 추상적인 비평보다 각 광고물의 좋은 점과 나쁜 점에 대해 구체적이며 실증적 자료를 바탕으로 비평하는 객관

2 엄창호(2004), "광고비평은 가능한가?: 비평의 권력성과 광고의 종속성에 관한 탐색", 김영찬 외, 《광고비평의 이해》, 한울아카데미, 12~33쪽.

3 원용진(1997), 《광고문화비평》, 한나래.

적 비평이라야 타당성 있고 현명한 비평이라고 하며 광고비평에 있어서 실증연구의 중요성을 환기한 바 있었다.[4]

즉, 좋은 광고에 대한 개별적인 평가는 많지만 전문적인 광고비평과 좋은 광고에 대한 뚜렷한 평가기준이 없기 때문에 광고발전에 기여하지 못한다는 것이며, 광고비평은 크리에이티브의 발전을 위해서라도 반드시 활성화되어야 한다는 것이다. 김민기(1993)는 광고시장의 개방과 국제화, 광고표현의 수준 향상, 광고의 효율성 제고가 현안으로 떠오른 상황에서 광고비평의 활성화가 요구된다고 하였으며,[5] 서범석(1993)은 광고물을 평가할 때 단순히 "아이디어가 좋다" 또는 "일러스트레이션 처리가 기발하다" 같은 인상 비평을 삼가해야 한다고 제안했다.[6]

그동안의 광고에 대한 글쓰기는 광고평론가 또는 광고비평가 라는 직함을 가진 광고 전문인이나 매체사의 광고담당 기자들이 주로 맡아왔다. 그러나 최근 들어서는 일반인이 여러 매체사에 광고물에 대한 소감을 기고하는 사례도 늘고 있고 인터넷을 활용한 가상공간에서는 광고에 대한 열띤 토론이 벌어지

---

4 최창섭 · 문영숙(1992), "광고비평에 대한 이론적, 방법론적 접근: 광고의 기만성 문제를 중심으로", 〈광고연구〉 15, 205~225.

5 김민기(1993), "풍요 속의 빈곤: 광고비평", 〈사보 동방기획〉 10월호, 6~8.

6 서범석(1993), "현대적 광고비평 통한 이론의 체계화, 전문가 양성이 절실", 〈한국광고〉 1, 60~61.

기도 한다. 예컨대, TV-CF 홈페이지 같은 인터넷 매체에서는 일반인에 의한 광고비평이 활성화되고 있는 추세이며, 디지털 미디어를 통한 수용자 개념의 변화로 일반 소비자들은 수동적 수용자에서 능동적인 참여자로 역할을 바꿔, 광고물에 대하여 다양한 목소리를 내고 있다. 하지만 그동안 우리는 광고에 대해 치열하게 고민하고 생각을 숙성시킨 결과를 글로 발표하기보다 설익은 주장들을 토해내기에 급급하지는 않았는지, 타당한 비평방법을 탐구하기보다 텍스트에 대한 주관적인 소견을 광고비평으로 착각하고 있지는 않았는지 성찰해야 한다.

이러한 상황에서 문화비평 차원에서 광고현상에 대해 분석한 광고 평론집이나 광고관련 에세이집이 다수 출간되었다. 이전의 광고서적들은 대개 대학 교재용으로 알맞은 딱딱한 이론서나, 제작 실무에 도움이 될 법한 제작 개론서가 주류를 이루었다. 어쨌든 문화론적 입장에서 광고에 접근하는 광고비평서가 두루 출간된 것은 반가운 일이다. 광고가 대중문화의 한 주류로 인정받은 지 이미 오래인 마당에 이제야 광고비평서가 나오고 있다는 것은 우리 광고의 풍토가 그만큼 척박했음을 반증하고도 남는다. 최근에 나온 광고비평서에서는 광고를 대중문화의 징후로 파악하고 광고담론에 적극적으로 개입한다. 그동안 출간된 광고평론집이나 에세이집을 출간 순서대로 제시하면 다음과 같다.

원용진(1997). 《광고문화비평》 한나래.

김병희(1997). 《광고 하나가 세상을 바꾼다》 황금가지.

마정미(1997). 《광고, 거짓말쟁이》 살림출판.

엄창호(1997). 《광고는 덫이다》 두리.

우실하(1997). 《오리엔탈리즘의 해체와 우리문화 바로읽기》 소나무.

김홍탁(2000). 《광고, 대중문화의 제1원소》 나남출판.

마정미(2000). 《지루한 광고에 도시락을 던져라》 문예출판사.

이현우(2000). 《광고, 묘약인가 마약인가》 북코리아.

최윤식(2000). 《광고 설득의 과학 설득의 예술》 삼진기획.

김병희(2001). 《광고의 매혹》 연암사.

김병희(2002). 《유쾌한 광고 통쾌한 마케팅》 좋은책만들기.

양 웅(2003). 《욕망읽기》 개마고원.

이희복(2004). 《행복한 광고 읽기》 한경사.

김병희(2006). 《광고 오디세이》 새문사.

이화자(2006). 《라이프스타일을 바꾼 광고 그라피》 수류산방중심.

저자들은 각 저서에서 광고비평 행위에 대한 야심만만한 포부를 나타냈다. 예컨대, 광고비평은 "대중문화의 지형도에 광고의 위치를 그려내는 일"(김병희, 1997: 295)이기 때문에 광고 창작자와 광고 수용자 간의 문화적 거리를 좁히는 데 영향을 미칠 것이라거나, 광고비평을 통해 "광고 수용자에게는 해독의 능력을 전해주고 광고 창작자에게는 긍지를 심어주겠다"(원용진, 1997: 10) 거나, 광고물과 광고비평은 "상승작용을 하기도 하고 길항작용을 하기도 하면서 협력과 견제를 통해 광고의 존재의미를 재생산할 것"(김홍탁, 2000: 11) 이라며 광고비평에 대한 의욕적인 기대감을 나타낸 것이다. 초기에 출간된 주요 광고비평집 3권의 내용을 간략히 살펴보면 다음과 같다.

원용진(1997)의 《광고문화비평》은 딱딱한 이론서 형식에서 탈피하여 표현의 자유로움을 구가하고 있다. 광고문화 비평을 위한 선언서의 성격을 띠고 있는 이 책에서는 광고와 기호학, 대중문화로서의 광고, 광고와 세계화, 광고와 성, 광고동네 사람들 같은 현대사회의 다양한 광고현상을 논리적으로 해부하였다. 광고비평의 이론적 토대가 척박한 우리 광고계에 '광고' 비평이나 광고 '비평'이 아닌, '광고비평'의 새로운 지평을 제시함으로써 광고비평의 독자적인 영역의 개척을 시도한 점이 인상적이다. 상품판매의 수단으로만 알려진 광고의 일반적 개념을 넘어 광고의 담론 가능성에 주목하면서 광고비평의 바람직한 방향을 모색했다는 점에서 이 책의 의의를 찾을 수 있다.

마정미(1997)의 《광고, 거짓말쟁이》에서는 광고비평의 의의를 "의미작용을 통한 사회적 실천이자 공유적 경험인 문화에 대해 비평의 시각을 늦추지 않는"(p. 8) 데에서 찾았다. 현대광고에 대한 비판으로 가득한 이 책에서 저자는 현대 광고를 시뮬라크르(실재하지 않는 것을 실재하는 것처럼 느끼게 하는 가상의 인공물)로 파악했다. 또한, 소비 문화학의 연구성과를 광고에 차용하여 광고의 문화적 영향력을 환기하였다. 광고가 건네는 말, 자본주의 사회의 광고와 권력, 소비의 사회에서 유영하기, 광고의 변신은 무죄, 비상구가 없는 광고의 세계 같은 주제로 현대 광고를 분석함으로써 광고비평이 광고문화를 살찌우기보다 광고주를 살찌울 수도 있다는 점을 철저히 경계한 점이 이 책의 미덕이다. 반면 예리하고 단호한 분석결과에도 불구하고 광고의 본질적 기능이나 창작과정을 지나치게 경시함으로써 광고의 부정적 기능을 특별히 부각시키는 데에 머물렀다는 점이 이 책의 한계이다.

엄창호(1997)의 《광고는 덫이다》에서는 현대 광고를 욕망, 언어, 작가, 모델, 역사, 문화, 기호, 진실, 제작현장 등 9가지 주제로 구분하였다. 저자는 광고비평을 일반적인 광고담론과 구별하면서 광고비평의 나아갈 길이 광고의 내적인 장치와 테크닉에서부터, 미학적 구조와 형식, 그리고 광고 장르의 이데올로기적 성격까지 밝혀내는 만만찮은 작업이라는 점을 강조했다. 저자는 그동안의 광고담론이 주례사형, 중계방송형, 가십형, 실무지침형의 모양새로 광고에 봉사해왔다는 사실을 공격하며, 광고비평의 일차적 과제가 "광고가 어떻게 소비행위를 유도하는가"(pp. 239~241)를 분석하는 데에 집중돼야 한다고 강조했다. 광고란 상품을 사도록 하느냐 그렇지 않느냐 하는 '덫'이기 때문에, 광고비평은 소비자의 지갑을 열기 위해 여기저기 놓아둔 '덫찾기'나 다름없다는 것이다. 다소 복잡한 구성이 이 책의 약점으로 지적될 수 있겠으나 광고비평가 특유의 빛나는 논리와 날카로운 분석력은 이 책만이 지닌 미덕이다.

또한, 신문이나 잡지에 발표된 광고비평이나 에세이를 보면 보도의 형식이건 비평의 옷을 입었건 관계없이 업계의 이익에 봉사한 측면이 많았으며 광고에 대한 홍보적 성격이 짙었다. 광고산업의 속성상 광고주가 광고비를 쓰지 않으면 광고물 자체가 생산되지 않는다. 이런 상황에서 현재 광고업계에 종사하면서 어떤 광고에 대해 이러쿵저러쿵 비평하기 위해서는 그동안의 관행에서 볼 때 상당한 용기가 필요한 대목이었다. 이보다 조금 떨어진 곳에 광고학계가 있지만 광고업계와의 복잡한 관계, 다시 말해 이런저런 공생관계 때문에 비평의 칼날을 쉽게 뽑지 못한 측면이 있었다.

그동안의 발표된 어떤 광고비평은 주례사 비평(김명인 외, 2002 ; 엄창호, 2004)의 혐의에서 결코 자유로울 수 없었다. 김명인 등의 연구자들(2002)은 새롭게 출발하는 한 가정의 앞날을 축복하기 위해 찬사로 일관하게 마련인 결혼식 주례사와 같이 한 작가나 작품에 대한 비평에서도 마찬가지 현상을 자주 목도한다며 주례사 비평을 문학권력(비평가)과 자본(출판사)의 결탁으로 보고 비판 없는 '비평의 타락'을 경계하였다.[7] 부당한 문학권력을 비판해온 권성우(2001)의 지적처럼 "한 편의 탈역

사적인 순수문학 작품에 대한 섬세한 작품론조차도 세련된 문학적 권력의 행사"일 수 있듯이,[8] 광고비평가의 이런저런 광고비평문이 광고권력의 행사일 수 있다. 그러나 광고주의 기대에는 부응하더라도 소비자에게 영향을 미치지 못할 수도 있으므로 보다 깊이있는 성찰과 비판적 안목으로 광고비평을 시도해야 할 것이다. 특히, 전문 광고비평가는 텍스트를 중심으로 광고 창작자와 광고 수용자 사이에서 서로가 동의할 수 있는 해석의 공통분모를 찾아내야 하며, 광고주와의 동업자 의식에서 벗어나 광고현상에 대한 비판적 안목을 바탕으로 보다 정교한 글쓰기를 모색할 필요가 있겠다.

문화비평 차원에서 접근한 연구들을 보더라도 텍스트의 언저리를 주관적인 관점에서 슬쩍슬쩍 건드린 인상비평이거나, 광고창작에 읽힌 이야기를 흥미위주로 전달하는 '매소(賣笑) 저널리즘'[9]이거나, 난삽한 의견을 마구잡이로 풀어헤치는 잡종비평에 가까운 것들이 많았다. 그런 글들은 광고의 주변 뉴스를 과대 포장한 것이라서 현상에 대해 기술하는 관찰(*review*)에 가깝지, 정교한 방법론으로 무장한 비평(*criticism*)이라고는

---

7 김명인 외(2002), 《주례사 비평을 넘어서》, 한국출판마케팅연구소.
8 권성우(2001), 《비평과 권력》, 소명출판, 212쪽.
9 이 용어는 〈뉴욕 타임스〉를 매소 저널리즘의 전형이라고 비난한 업턴 싱클레어(Upton Sinclair) 같은 추문폭로가(*muckraker*)로부터 나왔다. 심재철(1999), "미디어 비평과 언론교육의 방향", 〈관훈저널〉 70, 193.

할 수 없다. 미디어 비평이란 '기자가 기자를 보도하기'(*reporters reporting reporters*) 또는 '언론인 죽이기'(*killing the messengers*) 라고 할 수 있는데(심재철, 1999: 191), 이 명제를 광고비평에 적용하면 '광고인 죽이기'는 성립되지만 '광고인이 광고인을 보도하기'는 성립되지 않는다. 광고비평가가 특정 광고물이나 광고현상에 대해 비판의 총구를 겨누는 순간, 해당 광고물과 관련된 광고인들은 비평행위를 광고인 죽이기로 받아들일 것이다. 때때로 광고인이 광고인을 보도하는 경우도 있겠지만 그런 상황은 쉽게 일어나지 않는다.

그럼에도 불구하고 우리는 지금까지 광고비평 방법의 모색을 소홀히 한 상태에서, 광고관련 이야기를 흥미롭게 포장하는 데만 주력함으로써 뉴스는 있으나 전망은 없는 광고비평의 원시림 속을 거닐고 있었던 것은 아니었을까? 이런 상황에서 광고에 대한 메타담론을 바탕으로 광고비평의 당위성을 제기하는 동시에 광고비평 방법론을 모색하는 의미있는 작업들이 시도되었다(강승구 · 김병희 · 원용진, 2000).[10] 또한, 그동안의

10 한국 광고업계의 대표적 저널인 〈광고정보〉(한국방송광고공사 발행)에서 21세기의 첫 기획시리즈로 "현대 광고, 어떻게 볼 것인가?"라는 주제를 1년간 연재한 것은 대단한 의미가 있었다. 광고업계에서 터부시하는 '광고비평'이라는 주제를 선정한 것부터가 파격적이었다. 이 기획시리즈는 2000년 1월부터 12월까지 강승구, 김병희, 원용진이 돌아가면서 집필했다. 연재를 마친 다음 송은아 기자의 진행으로 이루어진 종합적인 대담은 다음을 참조하라. 강승구 · 김병희 · 원용진(2000), "필자 좌담: 비평은 비난이 아닌 대안모색과 발전지향의 자리", 〈광고

광고비평 또는 에세이 스타일의 글쓰기에 대한 반성과 성찰을 바탕으로 광고비평의 방향성을 모색한 연구서들이 출간되었다. 그 책들에서는 광고를 상품판매의 수단이자 현대 소비대중사회의 문화적 텍스트라는 이중적 맥락에 주목하여 현대 광고의 제 양상을 고찰하였다. 그동안 출간된 광고비평 관련 연구서들은 다음과 같다.

김광수 (1994). 《광고비평》 한나래.

김병희 (2000). 《광고와 대중문화》 한나래.

김영찬 편 (2004). 《광고비평의 이해》 한울아카데미.

김영순 외 (2004). 《광고 텍스트 읽기의 즐거움》 연극과 인간.

한국언론재단 편 (2004). 《세계의 미디어 비평》 한울아카데미.

김병희 외 (2006). 《방송광고와 광고비평》 나남출판.

이현우 외 (2007). 《방송광고 장르론》 커뮤니케이션북스.

이 저서들은 상당한 연구의 의의에도 불구하고 각각 나름대로의 장단점을 지니고 있다. 물론 모두가 보다 개관적이고 보편타당한 광고비평의 방향성을 모색하려는 시도의 하나로 출간되었을 것이다. 그렇지만 보고서 형식으로 출간된 것도 있어서, 광고비평 방법론을 포괄적으로 다루지 못한 측면이 있

정보〉 12월호, 237, 63~79쪽.

다. 타당한 비평 방법론을 바탕으로 텍스트의 의미를 정교하게 해독하는 데에서 광고비평의 새로운 전망을 모색해야 하는 상황에 각 저서들의 빈 공간을 채울 필요가 있겠다.

다시, 현대 광고를 어떻게 볼 것인가? 그리고 광고비평을 어떻게 볼 것인가? 광고비평은 '문화비평'인 동시에 '생활비평'의 성격을 지닌다. 현대 광고는 '문화'와 '생활'이라는 두 개의 바퀴에 의해 굴러가고 있는데 광고비평가의 촉수 역시 두 개의 바퀴에 주목할 것이기 때문이다. 현실을 돌아보자. 심지어 광고 전문가들마저도 하나의 광고물에 대해 각각 다른 평가를 내린다. 일반 수용자들 역시 하나의 광고물에 대해 각양각색의 의견을 나타낸다. 모두들 주관적인 인상비평을 바탕으로 광고 텍스트에 대해 저마다의 심경을 토로하고 있는 것이 엄연한 현실이다. 이런 상황에서 광고비평의 객관성을 확보하는 문제가 시급하다. 광고비평의 객관성을 확보하려면 무엇보다 타당한 방법론이 전제되어야 한다.

그렇다면 광고비평과 관련하여 어떠한 방법론을 생각해볼 수 있을까? 그동안 연구자에 따라 다양한 비평 방법론을 제시하였다. 버거(Berger)는 텍스트 이론을 바탕으로 기호학적 방법, 맑스주의적 방법, 정신분석학적 방법, 사회학적 방법으로 정리했으며,[11] 베트라(Batra)는 문예비평 방법론을 그대로 적용하여 장르비평적 방법, 기호학적 방법, 구조주의적 방법,

맑스주의적 방법, 정신분석학적 방법, 사회학적 방법으로 구분하였다.[12]

앨런(Allen)은 전통 비평과의 단절을 선언하며 텍스트 분석에 초점을 맞춘 수용자반응 비평과 영국의 문화연구학파의 연구를 바탕으로 기호학적 방법, 서사이론적 방법, 장르적 방법, 이데올로기적 방법, 정신분석학적 방법, 페미니즘 방법으로 분류했으며,[13] 버그(Berg)와 웨너(Wenner)는 문화연구 방법, 문화기술지 방법, 수용자반응 비평 방법으로 구분했으며,[14] 뉴콤(Newcomb)은 비평의 영역에 따라 제작 콘텍스트 방법, 텍스트 방법, 수용행위 콘텍스트 방법으로 구분하였다.[15]

한편, 국내에서도 최창섭과 문영숙은 제도적 접근방법, 맑스주의적 방법, 기호학적 방법, 정신분석학적 방법, 사회학적 방법론이라는 5가지로 분류했으며,[16] 서범석은 기호학적 방

---

11 Arthur Asa Berger(1982), *Media Analysis Techniques*, Beverly Hills, CA: Sage. pp. 15~121.

12 Narayan D. Batra(1987), *The Hour of Television: Critical Approaches*, Metuchen, NJ: Scarecrow Press. pp. 2~21.

13 Robert C. Allen(1987), "Talking About Television", In Robert C. Allen(Ed.), *Channels of Discourse*, Chapel Hill & London: The University of North Carolina Press, pp. 10~11.

14 Leah R. Vande Berg & Lawrence A. Wenner(1991), *Television Criticism*, New York & London: Longman, pp. 27~37.

15 Horace M. Newcomb(1994), "Television and the Present Climate of Criticism", In Horace M. Newcomb(Ed.), *Television: The Critical View*(5th ed.), N.Y. & Oxford: Oxford University Press, pp. 10~11.

법, 서사분석적 방법, 페미니즘 방법, 정신분석학적 방법, 이데올로기적 방법으로 구분하였다.[17] 이밖에도 비교적 최근에 제시한 원용진의 분류는 보다 포괄적이다. 즉, 비평대상(텍스트 비평, 산업 비평, 법제 비평), 발표방식(단평, 리뷰, 학술 비평, 전문 비평), 비평방식(이론 비평, 실제 비평, 창조 비평), 비평기준(신화 비평, 페미니즘 비평, 사회규범 비평, 역사 비평), 그리고 비평주체(저널리즘 비평, 수용자 비평, 전문인 비평, 모니터링)에 따라 비평의 종류와 방법을 분류할 수 있다는 것이다.[18]

이상과 같이 미디어 비평 또는 광고비평의 방법을 연구자에 따라 다양하게 분류하고 있다. 이상의 연구들을 바탕으로 광고 텍스트는 물론 광고제도 비판에 이르기까지 현대 광고를 분석하는 방법들을 보다 포괄적으로 구분하고자 한다. 미디어 비평에서 공통적으로 언급된 비평방법을 기본으로 하여 광고의 상황에만 적용되는 비평 방법을 추가한 결과 다음과 같은 10가지 광고비평 방법이 도출되었다. 〈그림 1-1〉에 제시한 바와 같이, ① 기호학적 비평, ② 신화 비평, ③ 이데올로기 비평, ④ 페미니즘 비평, ⑤ 사회학적 비평, ⑥ 제도적 비평, ⑦

---

16 최창섭·문영숙(1992), "광고비평에 대한 이론적, 방법론적 접근", 〈광고연구〉 15, 207~209.

17 서범석(1993), "현대적 광고비평 통한 이론의 체계화, 전문가 양성이 절실", 〈한국광고〉 1, 60~61.

18 원용진(2004), "미디어 비평의 이론적 논의", 한국언론재단 편, 《세계의 미디어 비평》, 한울아카데미, 28쪽.

〈그림 1-1〉 광고를 비평하는 10가지 방법

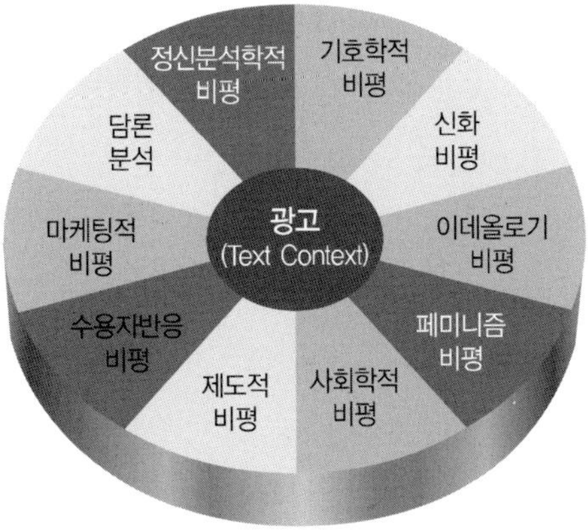

수용자반응 비평, ⑧ 마케팅적 비평, ⑨ 담론분석, 그리고 ⑩ 정신분석학적 비평이 그것이다. 각 광고비평 방법을 간략히 소개하면 다음과 같다.

기호학적 비평

지시대상 체계에 따라 광고 텍스트의 기호화 과정에 주목하는 방법이다. 광고의 의미는 메시지를 구성하는 기호체계를 통하여 생성되는데,[19] 광고분석을 통해 카피와 영상 같은 겉으로

---

19 David G. Mick(1988), "Consumer Research and Semiotics: Exploring the Morphology of Signs, Symbols and Significance", *Journal of Consumer Research*, 15, pp. 196~213.

드러난 기표와 그것의 의미를 함축하는 기의의 관계를 구조적으로 추적한다. 또한, 외연적 카피내용이나 형태에 초점을 맞추기보다 기호, 상징, 이미지 분석을 통해 광고에 내포된 의미를 드러내는 데 비평의 목적이 있다.

신화 비평

광고의 형식에 주목하는 방법인데, 특히 형식에 내재된 관념들을 추적하여 현대의 신화인 광고의 의사소통의 체계를 규명하는 방법이다. 광고에서 포착되는 신화는 대상이나 개념이라기보다 의미작용(*signification*)의 한 양식에 가깝다.[20] 신화 비평을 통하여 담론 형식의 하나인 광고의 메타언어적 속성을 해부하고 신화소의 연결관계를 바탕으로 광고 메시지의 의미작용 과정과 형식을 알아볼 수 있다.

이데올로기 비평

광고가 사회구성원들의 일상생활을 통제하며 사회관계를 지배한다고 전제한 후, 지배계급의 체제유지 수단이 되는 광고의 기능에 주목하는 방법이다.[21] 이때 광고의 단기적 목표는 소비

---

20 Roland Barthes, 정현 역(1995), 《신화론》, 현대미학사, 15~95쪽. 바르뜨는 "현대의 신화는 빠롤(parole)"이라고 했는데, 신화 분석(비평)에서 신화의 의미는 이미 신비화된 신화(神話)라는 단어가 아니라 신화적인 어떤 현실을 뜻한다.

자를 설득하여 상품을 판매하는 것이지만, 장기적 목표는 소비자의 태도, 가치, 관습 등을 변화시켜 지배계급의 체제를 유지하는 것에 주목하며 지배계급에 봉사하는 광고의 작동방식을 비판적으로 고찰한다. 이 방법은 맑스주의 비평과 거의 유사한 성격을 갖는다.

페미니즘 비평

여자를 단지 '남자가 아닌 존재'(*non male*)로 보는 사회통념에 반기를 들고, 여자에 대한 고정관념을 인간학의 입장에서 극복하려는 방법이다.[22] 따라서 광고에 나타난 여성성(*femininity*) 문제를 인간학적 맥락에서 고찰하는 것이 비평의 핵심과제가 된다. 이 방법은 여자의 여성성에 의문을 제기하면서 가부장적 사회제도에 대한 비판의식을 바탕으로 경제 주체로서의 여자의 본질을 환기시킨다. 그러나 남자에 대하여 맹목적으로 비판하거나 인간성을 왜곡하는 설익은 페미니스트의 입장은 철저히 경계한다.

---

21 Arthur Asa Berger(1982), *op. cit.*, pp. 45~67.
22 김병희(1997), 《광고 하나가 세상을 바꾼다》, 황금가지, 318~319쪽.

사회학적 비평

광고의 사회적 역할이나 가치 등을 포괄적으로 해석하는 방법인데, 광고가 사회에 미치는 비의도적인 결과를 추적하기도 한다. 또한 사회심리가 집단적으로 수용되는 과정에 주목하는 동시에 광고의 사회적 가치창출 문제에 관심을 기울인다.[23] 광고에 나타난 가치는 성, 정치, 교육 같은 다양한 사회환경에 영향을 미친다고 보기 때문에 광고비평가는 광고에 나타난 가치와 사회구성원의 가치체계 사이의 함수관계에 관심을 쏟게 마련이다.

제도적 비평

광고가 사회적인 풍요를 가져온다고 보고, 광고의 사회·경제적 기능을 분석하는 데 초점을 맞추는 방법이다. 이때 광고를 사회제도로서의 광고(*advertising*)와 제도유지의 수단인 광고물(*advertisement*)로 구분하여 그 개념을 다르게 고찰한다. 이러한 개념정리를 바탕으로 광고행위와 광고물이 사회의 풍요를 유지하는 데 어떻게 기여하는가에 주목하게 된다.[24] 특히 광고

---

23 Richard W. Pollay(1986), "The Distorted Mirror: Reflections on the Unintended Consequences of Advertising", *Journal of Marketing*, 50, pp. 18~36.

24 Charles H. Sandage(1972), "Some Institutional Aspects of Advertising"; James W. Carey (1960), "Advertising: An Institutional Approach", In Roxanne Hovland & Gary B. Wilcox, Eds.

텍스트보다 광고의 사회제도적 맥락에 주목함으로써 광고산업의 변화에 따라 대안적 광고제도를 제안할 수 있다는 점도 이 방법의 매력이다.

수용자반응 비평

텍스트 분석보다 살아 움직이는 실체인 수용자의 반응에 관심을 기울이는 방법이다. 이때 광고의 의미는 텍스트에 고정되지 않고 수용자의 광고 시청행위 속에서 다양한 모습으로 재구성되는 것으로 본다. 광고는 수용자의 적극적인 참여를 통해 그 형식이 완결되는 열린 구조를 갖게 되는데, 비평가는 수용자에 대한 텍스트의 일방적 소통보다 수용자와 텍스트 사이의 상호작용에 비평의 초점을 맞춘다.[25] 이를테면, 비평을 통해 텍스트와 수용자 사이에 '간격 메우기'(*gap-filling*)가 실현되는 것이다. 이때 비평가는 광고 창작자와 광고 수용자 사이에서 서로가 완벽하게 동의할 수 있는 해석의 공통분모를 찾아내야 한다.

(1989), *Advertising in Society: Classic and Contemporary Readings on Advertising's Role in Society*, Chicago, IL: NTC Business Books, 1989, 리대룡 역(1994), 《광고와 사회: 광고의 사회적 역할에 관한 고전적 및 현대적 논선》, 나남출판, 29~56쪽.

25 김병희(2004), "문화기술지적 수용자반응비평", 김영찬 외, 《광고비평의 이해》, 한울아카데미, 224~247, 294~297쪽.

마케팅적 비평

광고 텍스트의 내용이나 형식, 문화적인 영향력, 그리고 미학적 완결성에 대해서는 거의 주목하지 않는다. 오로지 '광고가 상품을 팔아 주었는가' 라는 광고의 판매 기여도에 따라 광고 효과를 평가하는 비평방법이다. 문화비평의 관점에서는 무미건조한 방법으로 보일 수 있겠지만, 효과성을 가장 큰 미덕으로 평가하는 광고의 기능에 대한 고전적인 입장에서 볼 때 결코 도외시할 수 없는 방법이다.

담론분석

러시아 형식주의자들의 민담분석 이후 텍스트의 서사(*narrative*) 구조를 밝혀내기 위해 보다 정교하게 발전시킨 방법이다. 담론분석에서는 메시지의 특성이나 이데올로기적 판단 같은 텍스트의 내용에는 거의 주의를 기울이지 않는다.[26] 반면에 광고를 구성하는 담론의 구조(*discourse structure*)와 메시지 전달 형식에 대해 구체적으로 분석한 다음, 각 구성요소들의 맥락 관계를 형성하는 내적 원리를 탐색하게 된다.

정신분석학적 비평

프로이트 심리학에서 제기한 인간의 동기나 성격에 관한 이론

26 Robert C. Allen(1987), *Op. cit.*, pp. 69~82.

을 바탕으로 광고 심리와 소비자 심리의 기저를 분석하는 방법이다. 특히, 성, 방어기제, 상상계, 상징계 같은 프로이트나 라캉이 제시한 개념들을 바탕으로[27] 광고 메시지에 숨어 있는 욕망의 실타래를 분석해낸다. 이 방법으로 광고를 보면 수용자의 내면풍경은 물론 욕망의 구조, 관음증, 물신주의 같은 광고에 잠복해 있는 의식의 기반을 섬세하게 포착할 수 있다.

새로운 광고비평의 길찾기

이제, 다양한 시각과 보다 깊이 있는 안목으로 광고 텍스트(*text*)와 맥락(*context*)을 바라볼 때이다. 광고의 '코드'와 '문법'을 해체하고 광고 속에 농축되어 있는 사회를 발견하고 이해하는 즐거움은 누구나 누릴 수 있겠지만, 주관적인 느낌과 생각만으로 '좋다', '나쁘다'를 평가하는 행위는 철저히 경계해야 한다. 그것은 비평이 아니라 소견이기 때문이다. 잣대가 없으면 어떤 기준으로 평가하겠는가? 마케팅적 비평방법으로 바라볼 때 기립박수를 받는 광고도 사회학적 비평방법으로 바라보면 지탄의 대상이 될 수 있으며, 기호학적 분석의 틀로 바라보면 신선한 충격을 주는 광고도 페미니즘 비평방법으로 보면 경계의 대상이 될 수 있다. 누구든지 광고에 대해 말할 수는 있겠지

---

27 Wilson B. Key(1976), *Media Sexploitation*, Englewood Cliffs, NJ: Prentice-Hall, pp. 27~96.

만, 함부로 평가할 수는 없다. 바로 이 지점에 광고비평가의 전문성이 필요하다고 하겠다.

시급한 당면과제는 광고비평 방법을 적용한 글쓰기를 함으로써 인상비평의 굴레에서 벗어나는 것이다. 강준만(1998)의 지적처럼 "광고비평은 광고가 그 어떤 대중문화의 형식보다 더 '코드화'되어 있고 그 '문법'이 정교하고 잠재적이라는 것만으로도 그 당위성을 인정"[28]받을 수 있기 때문이다. 또한 광고비평이 광고에 대한 선호도와 신뢰도에 미치는 영향을 알아본 김병희(1999)의 연구[29]와 광고비평의 정보원과 프레이밍에 따른 수용자의 광고태도의 차이를 알아본 김병희와 지원배 및 한상필(2007)의 연구에서는 광고비평의 효과성이 일정 부분 확인되었다. 즉, 수용자들은 일반인이 긍정적으로 비평한 광고에 대하여 보다 긍정적인 태도를 가지며, 중립적으로 비평한 광고에 대해서는 태도변화가 없었으며, 부정적으로 비평한 광고에 대해서는 보다 부정적인 태도를 나타냈다. 또 전문 비평가의 긍정적 광고비평은 광고태도에 영향을 미치지 않았으나, 중립적 및 부정적 광고비평은 광고태도에 보다 부정적인 영향을 미

---

28 강준만(1998), "현실 속의 광고, 광고 속의 현실", 《우리 대중문화 길 찾기》, 120~121쪽. 이 글에서 강준만은 광고비평이 소비자 운동의 지표가 될 수 있다는 점에 특히 주목했다.

29 김병희(1999), "광고비평이 광고에 대한 태도에 미치는 영향: 광고 선호도 및 광고 신뢰도의 평가를 중심으로, 〈광고홍보연구〉 6(2), 227~243.

치는 것으로 나타났다.[30]

이상의 연구에서 우리시대의 광고비평이 단순한 광고 글쓰기가 아니라 수용자의 태도에 영향을 미칠 수 있다는 점에서 책임감이 요구된다는 사실을 확인할 수 있다. 따라서 광고가 있는 곳에 책임감 있는 비평가의 발길이 머물러야 한다. 앞으로의 광고비평에서는 단순한 텍스트 분석이나 광고창작의 후일담을 흥미 위주로 전달하는 수준에서 탈피하는 것이 시급한 당면과제이다. 광고비평이 본격적인 문화비평으로 자리 잡을 수 있도록 인식의 '문화론적 전환'[31]을 바탕으로 소비사회의 광고담론에 대한 포괄적인 지평을 제시해야 한다.

이런 광고비평 작업들이 하나하나 쌓여 대중문화의 지형도에 현대 광고가 의미 있는 자리매김을 하게 될 것이다. 결국은 광고 텍스트와 맥락을 객관적으로 설명할 수 있는 타당한 비평 방법론의 모색과 적용이다. 이어지는 장에서 광고비평 방법 열 가지를 보다 구체적으로 살펴보기로 한다.

---

30 김병희 · 지원배 · 한상필(2007), "광고비평의 정보원과 프레이밍이 광고태도에 미치는 효과", 〈광고학연구〉 18(2), 127~151.

31 사회학자 김성기는 20세기 초 인문학과 철학에서 일어난 현대 사조의 변화를 서술하는 용어로 널리 쓰이는 '언어학적 전환'(*linguistic turn*)을 패러디하여 문화비평에 대한 인식론적 · 지적 맥락을 '문화론적 전환'이라고 명명했다. 그가 설정한 문화론적 전환의 범주에는 현대 세계의 리얼한 것의 소멸, 메타 이론열, 미디어 문화, 공동 문화의 재인식 등이 포함된다. 김성기(1996), "왜 문화비평으로 가는가", 《패스트푸드점에 갇힌 문화비평》, 민음사, 87쪽.

2

기호학적 비평

상징 기호의 입체적 조명 통해 상상의 폭 넓히기

광고에 대한 관심이 나날이 높아가고 있다. 매스 미디어에 의해 행해지는 여러 커뮤니케이션 현상 가운데 하나로 볼 수 있는 광고에 대한 관심 고조는 현대 문화를 상업적 커뮤니케이션 측면에서 바라보고 이해하려는 의도로 볼 수 있을 뿐만 아니라 현대 문화 속에서 차지하는 상업적 커뮤니케이션의 비중을 높게 보려는 의도로 해석된다. 실제로 우리는 매스 미디어에 의해 행해지는 여러 커뮤니케이션 현상 가운데 몇 가지만을 차별하는 경향이 있어 왔다. 예를 들면 TV나 라디오에 의해 이뤄지는 방송현상과 신문과 잡지를 통해 이뤄지는 저널리즘 현상만을 언론자유라는 커다란 대의명분 속에서 가치 있는 문화의 한 장르로 이해하고, 광고현상은 지극히 천한 상업적 현상으로만 치부하는 경향을 보여온 것이다. 그러나 이제는 광고에 대한 인식도 많이 바뀌고 있기 때문에 광고도 매스 커뮤니케이션 현상으로뿐만 아니라 문화의 중요한 축을 이루는 장르로 이해해야 한다.

광고를 문화의 한 장르로 이해하기 위해서는, 광고가 단순한 상업행위를 뛰어 넘어 인생철학과 기호학적 의미와 가치를 함유하고 있다는 사실을 직시할 필요가 있다. 물론 모든 광고가 그런 가치를 담고 있지는 못하다는 반론은 방송과 저널리즘에서도 마찬가지로 제기될 수 있다. 특히 이 글에서는 광고를 어떻게 기호학적으로 분석할 수 있는지 알아보자.

기호학을 완성한 학자로는 19세기 후반 유럽의 소쉬르(Saussure)와 미국의 퍼스(Peirce)를 꼽을 수 있는데, 소쉬르는 외시적(*denotative*) 및 공시적(*connotative*) 기호표현으로 기호를 구분하며, 퍼스는 3분법적 범주원리에 따라 기호를 그 대상과의 관계에 의하여 분석한 후 그것을 유상(類像, *icon*)기호, 지표(指標, *index*)기호, 상징(象徵, *symbol*)기호로 분류하고 있다. 광고는 메시지와 비주얼(*visual*) 측면에서 모두 기호학적 의미를 담고 있다.

소쉬르의 기호학적 분류방법은 〈그림 2-1〉과 같이 도식화될 수 있다.[1]

---

1 소두영(1996), 《상징의 과학 기호학》, 인간사랑, 115~123쪽.

〈그림 2-1〉

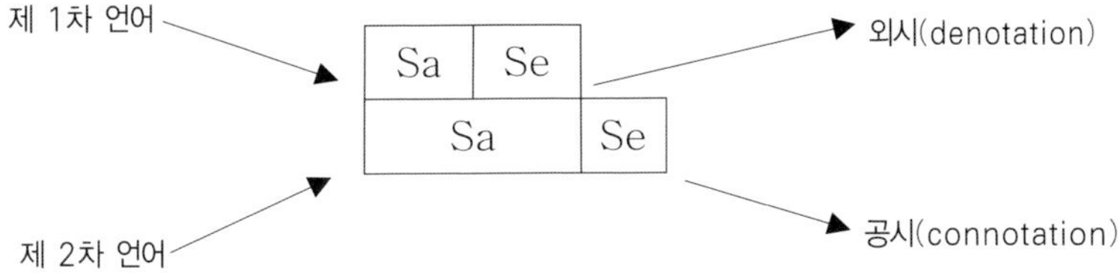

여기서 "Sa"는 씨니피앙(*signifiant*), 즉 음성적 표현을 말하는 기호표현을 의미하며, "Se"는 씨니피에(*signifie*), 즉 의미내용인 기호내용을 의미한다. 소쉬르는 언어를 기호의 체계로 봤던 것이다. 제1차 언어인 외시는 제2차적 표의작용과의 관련에서 한 덩어리가 되어 새로운 기호표현을 형성하게 되고, 그 제2차적 표의작용은 다시 공시(언어외적 의미)라는 새로운 개념을 형성하게 된다. 이 도식에서 우리는 공시라는 제2차 언어가 외시라는 제1차 언어와의 관련에 의해 거기서 떨어져 나간 함축적인 파생언어임을 알 수 있다.

위와 같은 원리에 따라 광고 메시지를 바라보면 훌륭한 광고들이 많다. 1984년 5월 15일 스승의 날, 각 조간신문에 게재된 쌍용그룹의 기업광고는 우리들에게 진한 감동을 주었다. "오늘은 속이 불편하구나"라는 헤드라인과 함께 실린 카피(*copy*)에서 불편한 속을 핑계로 학생들에게 도시락을 주고 교실을 나가 버리신 선생님 이야기가 나온다.

참으로 어려웠던 시절
그날도 선생님은 어김없이
두 개의 도시락을 가져오셨습니다.
어느 때는 그 중 한 개를 선생님이 드시고
나머지를 우리에게 내놓곤 하셨는데
그날은 두 개의 도시락 모두를 우리에게 주시고는
오늘은 속이 불편하구나 하시며
교실 밖으로 나가셨습니다.
찬물 한 주발로 빈속을 채우시고는
어린 마음들을 달래시려고
그 후 그렇게나 자주 속이 안 좋으셨다는 걸
깨닫게 된 것은 긴 세월이 지난 뒤였습니다.
(중략)
살아 계신다면
걸어오신 칠십 평생이 한 점 티 없으실
그래서 자랑과 보람으로 주름진 선생님의 얼굴에
아직도 피어 계실 그 미소를 그리면서
그때의 제자들이 다시 되고픈 마음입니다.

여기서 "도시락"이 중심단어로 등장하는데, 도시락의 외시적 기호표현은 "점심을 해결해주며 쌀밥을 운반해주는 도구"일 뿐이다. 그러나 이것이 공시적으로 분석되면 "스승의 사랑"이라는 기호내용을 의미하게 된다. 결국 스승의 사랑은 "인간이 추구해야 할 지고한 도덕성"이라는 또 하나의 기호표현을 낳게 되며, 이것은 기업이 궁극적으로 추구해야 할 가치로 귀결된다. 이 광고가 나간 후 감동한 선생님들의 감사편지가 전국에서 쇄도했다. 한국 광고 100년사에 유례없는 찬사를 매스컴으로부터 받은 광고였으며, 이 광고는 다른 기업 이미지광고에도 많은 영향을 미친 바 있다. 이외에도 외시 및 공시적 상징기호를 통해 소비자들에게 공감을 미치는 광고는 매우 많다. 1999년에 히트한 광고 중에 "BUY KOREA 펀드"는 투자상품을 일컫지만 투자를 이용한 "애국주의"도 함의하고 있다. 이 펀드 CF의 엔드 컷(*end cut*)에 삽입된 "한국 경제를 확신합니다"라는 캐치프레이즈는 "BUY KOREA 펀드 = 한국경제 회복"이라는 또 하나의 공시적 개념을 생산해내고 있다. 어떻게 보면 광고에서의 공시적 표현은 직접적 표현보다 간접적 표현을 통한 상징적 개념 혹은 이미지 창조에 주안점을 두는 표현전략이라고 말할 수 있다.

미국의 실용주의 철학자이자 기호학자인 퍼스(Peirce)의 기호학적 분류방법도 광고를 기호학적으로 분석하고 비평하는데 많은 도움이 되고 있다. 그는 세 가지로 기호를 분류하고 있는데, 유상기호, 지표기호 및 상징기호가 바로 그것이다.[2] 유

---

2 소두영(1996), 위의 책, 45~57쪽.

상의 기호로서의 특성은 그 기호의 성질이 그 대상의 성질과 유사하다는 점에 있다. 다시 말해, 어떤 기호가 그 대상과 어떤 성질에 있어서 유사하고 그 유사성(*likeliness*)을 바탕으로 그 대상의 기호가 되는 경우, 그 기호를 유상기호라고 한다. 퍼스는 유상기호가 "사물로서 그것이 지니고 있는 성질이 기호가 되기에 적합한 것이다. 따라서 무엇이든 그것과 닮은 모든 것의 대체물이 되기에 적합하다"고 주장했다.

유상기호는 그 대상과의 성격 및 유사성의 양식의 차이에 따라 여러 가지가 있다. 퍼스는 유상기호를 그 대상과의 유사성의 차이에 따라 다시 이미지(*image*), 도식(圖式, *diagram*), 은유(隱喩, *metaphor*)의 세 가지 종류로 구분한다.

여기에서 이미지로서의 유상기호란 그것을 보거나 들으면 즉시 대상의 이미지가 떠오르는 것을 말한다. 이에 비해 도식은 그 대상의 구조, 다시 말해서 그 대상을 구성하고 있는 여러 요소 또는 부분 사이의 관계를 표시하는 유상기호이다. 그것은 그 대상과의 구조상의 유사성에 입각한 도식적 또는 기하학적 유상기호이다. 퍼스는 유상기호의 셋째 유형으로 은유나 직유와 같은 표현형식을 지적한다. 은유는 말하자면 어떤 일정한 성격을 지닌 사물을 끌어와서 그것과 비교해서 다른 사물에 있어서의 유사한 성격을 이해시키는 표현법이라 하겠다. 초기 기독교에서는 배가 교회를 상징하는 것이었는데, 배가 교회를 상징하는 것은 배와 교회의 기능상의 어떤 유사성에 바

〈광고 2-1〉

탕을 두고 있는 것이다. 말하자면 배는 승객을 파도로부터 보호하여 목적지까지 실어다 준다. 이와 마찬가지로 교회도 사람을 세파에서 보호하여 인간의 궁극적인 목적지(하늘나라)에 인도해 준다. 광고의 예를 한 번 들어보자.

첫째, 이미지 유상기호의 원리를 이용한 광고 카피의 예로 다음의 광고를 들 수 있는데, "가벼워"라는 헤드라인이 무언가 가볍다는 이미지를 소비자에게 전달하려고 노력하고 있으며, 옆에 하얀 깃털 위에 엎드려 있는 여성의 모습이 가볍다는 이미지를 보충해 주고 있다(〈광고 2-1〉 참조).

둘째, 도식적 유상기호의 원리를 이용한 광고 카피의 예로는 대한항공의 해외광고를 들 수 있다. 이 광고에서 "객실 개선 문제"(*cabin improvements*)라는 용어가 "화장실"(*restrooms*)이라는 용어와 연관성을 가지면서 궁극적으로 "여성을 위한 특별공간"(*extra room for ladies*)이라는 어구와 연결되고 있다. 이런 단어식 카피의 도식적 유상기호 기법을 크리에이티브 측면에서 보충하기 위해 컴퓨터 화면에서 계속 클릭(*click*)되는 과정이 묘사되고 있다(〈광고 2-2〉 참조).

셋째, 은유식 유상기호의 원리를 이용한 광고 카피의 예로는 이노센트의 광고를 들 수 있다(〈광고 2-3〉 참조). 이 광고에서의 캐치프레이즈는 "이노센트 가구는 순수한 여자의 마음입니다"이다. 여기에서 이 헤드라인 형태의 표어는 "무엇은 무엇이다"라는 식의 은유 유상기호의 원리를 이용한 것인데, "이노센트 가구 = 순수한 여자의 마음 = 순수 가구"라는 공식을 낳는다. 가구 그 자체가 사람의 마음일 수는 없지만 은유 유상기호 방식을 충분히 활용한 카피이다. 대우 에어컨 수피아 광고를 보면, "숲은 사람입니다. 사람은 숲입니다"라는 메시지가 등장하는데, 이것은 은유식 유상기호학적 의미뿐만 아니라 인생철학까지도 함유한 메시지이다. 하지만 은유식 유상기호의 방법을 잘못 사용하고 있는 CF도 있다. 콜드주스의 경우가 대표적인 예인데, 인쇄광고에서는 논리적이었던 표현이 CF에서는 매우 어색한 논리(도회지 소비자에게 길을 가다 오렌지를 따라고 하는 것 등)와 함께, "이거야, 이거"라고 외치면서 콜드와 오렌지를 연관시키려고 한다. 역시 방송광고는 크리에이티브 면에서 멘트에 의해서보다 영상

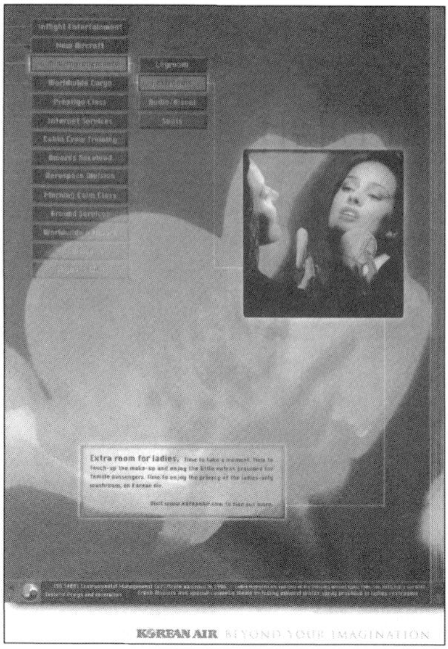

〈광고 2-2〉

〈광고 2-3〉

을 통한 은유식 표현방법이 더 나을 것이다. 빈폴 광고는 그런 면에서 우수한 광고라고 볼 수 있다. 브랜드 이름과 이미지의 매치를 영상적으로 표현하려는 의도가 매우 효과적이라고 판단된다.

퍼스의 또 다른 분류는 상징기호이다. "상징이란 일반 관념의 조합에 의하여 그것이 지시하는 대상을 나타내는 기호이며, 그 경우 일반관념의 조합은 그 대상을 표의하는 것으로 해석되도록 작용한다"고 하는 것이 퍼스의 정의이다. 그는 다시 "상징은 그것을 사용하는 사람의 관념을 매개로 하여 그 대상과 결부되어 있으며 그 연결은 매개물 없이는 존재할 수 없다"고 다짐하고 있다.

상징의 성격과 기능을 좀더 구체적으로 검토해보면, 유상이 그 대상과의 유사성에 의하여, 지표가 그 대상과의 실재적 연결의 양식에 의하여 특징지어지는 것과 같이, 상징은 그것을 대상과 관계 맺는 매개로서의 제 3의 요인, 곧 해석방식에 의하여 특징지어진다. 예를 들면 "장미"라는 기호는 곧 "사랑"을 의미하는데, 장미를 사랑으로 해석하는 방식에 의해 장미는 사랑을 상징하게 된다. 광고의 예를 들자면 1989년 가을에 선보였던 동서식품 CF의 내레이션(*narration*)이 있다.

> 그림자는 늘 고향 쪽으로 뻗어 있고,
> 붓은 언제나 사람들을 향해 달린다.
> 가슴이 따뜻한 사람과 만나고 싶다.
> 커피의 명작, 맥심. 동서식품

여기서 나오는 "가슴이 따뜻한 사람"이란 어구는 "친구"를 상징한다. 이 카피는, 모델로 나온 작가 김은국 씨가 친구를 만나 맥심커피를 마시고 싶다는 메시지를 전달하고 있다. 그리고 1980년대 말에 선보였던 에바스 화장품 광고의 헤드라인 가운데 하나는 "여성들이여, 시계를 팽개치자!"였다. 여기서 "시계"라는 것은 "일에서부터 오는 스트레스"를 상징한다. 이렇게 상징기호를 쓰는 광고 카피는 소비자로 하여금 그 의미를 상상하게 만들며, 풍성한 사고는 그 광고의 내용이나 브랜드를 오래 기억시켜주는 역할을 한다. "사랑해요, LG", "019는 사랑입니다" 같은 광고 메시지는 상업행위 이전에 인간들의 진실한, 상징적 이미지 기호를 담고 있다.

그런데 상징기호의 방법을 잘못 쓰는 광고들도 있다. 소프트 곰바우 소주광고를 예로 들 수 있는데, "순수로 돌아간다"라는 헤드라인으로 시작되는 광고는 무언가 억지로 상징하려는 느낌을 준다. "순수"라는 이미지가 소비자에게 소프트 곰바우 소주를 상징하도록 만들기 위해 광고를 시도한 것으로 보이는데, 브랜드 이름이 소프트라고 해서 소주에 순수라는 상징성을 연관시키려고 하는 의도는 억지가 아닌가 싶다. 부드러움과 순수라는 개념도 서로 연관되지 못할 뿐만 아니라 사람이 옷을 벗는 것과 순수와는 전혀 관계가 없어 보인다.

광고를 좀더 기호학적으로 분석해보면 천한 상업적 행위로만 간주하기에는 너무 아까운 설득미학 이상의 고결한 차원이 있는 것이다. 이제, 광고도 문화의 한 장르로서 당당히 대접받아야 할 것이다.

3

신화 비평

광고 안에 구조화된 일상적 신화 논리와 효과 드러내기

✸

신화(*myths*)[1]라는 용어에 대한 언급으로 이번 장을 시작하자. 엄밀히 말하면 신화에는 두 개의 정의가 따른다. 그 첫 번째는 "인간이나 자연과의 관계에서 인간의 힘으로 도저히 풀 수 없는 불가사의한 사안들을 이야기로 만든 것"이라는 정의다. 오래 전부터 전해오던 이야기들을 보면 그 같은 정의법에 맞아떨어지는 것이 많다. 영화로도 만들어졌던 안정효의 소설 《은마는 오지 않는다》에서 마을 사람들은 재앙이 있을 때마다 멀리

1 광고를 신화비평적으로 읽어낸 가장 대표적인 책은 주디스 윌리엄슨의 작업이다. 이 책은 윌리엄슨이 광고비평 수업을 위한 노트를 인쇄물 형태로 만든 것인데 약 20여년이 지나 한국에서 번역되어 출판되었다. 주디스 윌리엄슨(2007), 《광고의 기호학: 광고 읽기 그 의미와 이데올로기》, 박정순 역, 커뮤니케이션북스.

산을 향해 기원을 한다. 그들의 기원을 들은 장군이 문제를 해결해주기 위해 은빛 말을 타고 나타난다고 믿기 때문이다. 바로 그러한 천재지변, 재앙을 피하고 싶은 사람들의 바람, 욕망을 담은 이야기를 신화라고 부른다. 이때 신화는 '사회적, 집단적 무의식'에 해당한다. 취하고 싶거나 피하고 싶은 사안들을 이야기로 만들어 이야기 속에서 조화롭게 해결된 형태로 남아있게 만든 것이 신화인 셈이다.

신화는 대체로 서로 다른 원시사회가 공통적으로 지니고 있었던 것으로 알려져 있다. 하지만 신화의 존재는 원시사회에만 국한되지 않는다. 현대 사회의 소설, 영화 등 이야기 속에도 그러한 사회적 무의식 및 욕망이 다양하게 담겨져 있다.[2] 인간의 어쩔 수 없는 한계, 즉 죽음을 더 지연시키기 위해 SF 영화 속에서 냉동인간을 꿈꾸는 일, 늙고 병들지 않는 약을 개발하려는 일, 아무런 불평도 하지 않으면서도 인간을 능가하는 능력을 갖춘 로봇을 발명하는 일…. 그처럼 영화 속 사건들은 현대 사회를 사는 사람들의 욕망이고 바람이며 기대이기도 한 사회적 신화다. 현대 사회에 이르러서도 원시사회의 신화에 해당하는 바람, 기원, 무의식 등이 담긴 이야기들은 다양한 방식으로 도처에 존재한다.

신화에 대한 두 번째 정의법은 신화를 '사회 내 지배적 믿음'

2 로버트 골드만(2006), 《광고에서 사회를 읽는다》, 커뮤니케이션북스.

〈광고 3-1〉

으로 정의한다. 어느 사물, 현상 등에는 사회가 지닌 주도적 믿음이 있는데 그것을 신화라 부른다. 예를 들어 여성에 대한 신화, 즉 여성에 대한 주도적 믿음은 '여성은 부드럽고, 감성적이고, 아름다운 존재다' 쯤이 될 것이다. 남성에 대한 신화는 '남성은 강하고, 이지적이며, 지도하는 사회적 존재'가 될 성싶다. 이때 남녀에 대한 신화는 남성과 여성에 대한 진리만을 담고 있는 것은 아니다. 다만 사회 내에서 주도적이기 때문에 진리인 것처럼 받아들여지는 것일 따름이다. 신화는 사회를 주도하는 믿음이다. 만약 신화, 즉 사회 내 주도적 믿음을 거절할 경우 사회로부터의 따돌림을 각오해야 한다. 남성 같은 여성이나 여성 같은 남성은 특별한 경우를 제외하곤 제대로 대접을 받지 못한다. 그래서 혹자는 신화를 두고 간략히 '지배 이데올로기'로 파악해도 큰 무리가 없다고 말하기도 한다. 앞서 예로 든 남녀에 대한 신화는 남성 중심의 가부장제적 사회에 적합한 남성 중심의 지배 이데올로기인 셈이다.

서로 다른 두 개의 정의를 염두에 두지 않은 채 신화 논의를 펼치기도 한다. 이처럼 신화는 두 가지 서로 다른 정의를 지니고 있다. 엄밀하게 말하면 밝힌 바와 같이 둘 간에는 상당한 차이가 있다. 광고는 신화를 적절히 활용하고 있으므로 신화 비평은 광고가 신화를 어떻게 활용하며, 그것으로 어떤 문화적 효과를 내는지를 추적하는 작업이다. 광고의 신화활용은 맨눈에는 드러나지 않는다. 신화의 구조를 알고 신화작동의 몇 가지 문법만 터득하면 맨눈은 무장된 눈으로 바뀌고 그 활용법을 파악해 낼 수 있다. 신화를 드러내 그것의 의미작용을 밝히고 문화적 효과까지 추정할 수 있게 된다.

신화를 활용하는 광고, 그를 드러내는 신화 비평

신화 비평은 과연 어떤 신화를 비평하는 것인가. 두 개의 신화 정의 중 어느 것을 비평하는가. 답은 간단하다. 그 둘을 동시에 포괄해 비평하는 작업이다. 신화 비평의 목적을 알게 되면 그 의문은 어느 정도 해소될 수 있을 것이다. 신화 비평은 신화가 짜여진 구성방식을 알고자 하는 목적을 갖는다.

신화는 일정 형식을 갖는다. 신화 비평은 그 형식을 드러내는 데 첫 번째 목적을 둔다. 오랜 시간을 거쳐 반복된 이야기인 신화는 대체로 보편적 구조를 가지고 있다. 신화 비평은 광고가 그 보편성을 반복하는지 벗어나는지를 점검하게 된다. 둘째, 그 형식을 통해 구성되는 내용을 드러냄을 비평의 목적으로 삼는다. 그리고 마지막으로 형식과 내용을 통해 전달되는 의미를 해석하는 목적을 갖는다. 반복하자면 신화의 형식과 내용을 분석하고 그 분석을 바탕으로 평가를 내리는 것이 바로 신화 비평의 목적인 셈이다.[3]

신화 비평이 신화의 두 정의법을 모두 포괄한다 함은 무엇을 말하는가. 신화 비평은 우리 언어 씀씀이 속에는 원시 사회가 지니고 있던 '인간의 힘으로 어쩔 수 없는 것들을 불가사의한 힘에 기대어 상징화'한 이야기나 현대 사회에 횡행하는 '사회 내 지배적인 믿음'의 이야기 모두를 포괄한 형식을 가지고 있다고 파악한다. 즉, 어떤 형태의 신화든 간에 그것이 이야기되는 방식은 비슷하다는 것이다. 인간의 사고작동 방식은 시공간의 차이를 넘어 보편성을 지니기 때문에 유사성을 갖는다고 주장한다. 원시 사회의 사고방식과 현대 사회의 그것 간에도 큰 차이가 없다. 그래서 신화 비평을 두고 어떤 이들은 원형비평이라고 부르기도 한다. 신화가 일정 원형(原形)을 지니고 있으며 신화들은 그 원형을 과거에 이어 현재에서도 반복한다는 것이다.

---

3 바르트는 신화 비평을 통해 프랑스 대중문화 속에 담긴 다양한 형태의 신화를 찾아내고, 비판적으로 분석하고자 했다. R. Barthes(1973), *Mythologies*, St. Albans.

물론 광고는 신화 그 자체가 아니다. 광고는 신화와 불가분의 관련을 맺고 있다고 하는 편이 더 옳을 것이다. 광고는 사회의 집단 무의식을 활용한다. 사람들이 불안하게 생각하고 있거나 욕망하고 있는 것을 재현해 자신들을 드러낸다. 실제 인간세계에서는 쉽게 일어날 수 없는 것들을 온갖 기호(*signs*)들을 활용해 마치 있을 수 있는 일인 것처럼 꾸민다. 광고가 꾸며진 것들이기는 하지만 수용자들은 별다른 어려움 없이 리얼리즘을 얻는다. 광고 속 이야기가 그럴듯해 보인다는 말이다.

광고가 실제 같아 보이고 광고 속 상품을 사용하면 꿈을 이룰 수도 있겠다고 생각하게 해주는 것은 광고가 우리 사회 내 지배적인 믿음을 잘 활용하기 때문이다. 즉, 광고는 사람들의 욕망을 오랜 신화적 이야기 형식이나 지배적 이데올로기 등에 걸어 주문을 거는 것이다. 광고 수용자는 광고에 동의함으로써 집단적 무의식과 지배적 이데올로기가 자신을 통해 재생산되게 한다. 즉, 광고는 신화를 활용할 뿐만 아니라 궁극적으로는 수용자를 통해 재생산하기도 한다.

이와 같은 광고의 역할로 미루어 광고에 신화 비평을 갖다 대는 것은 너무도 당연해 보인다. 광고 속에 담긴 형식이나 내용을 분석해 그것이 사회에 미치는 영향력을 점검하는 일은 너무도 당연한 일이고 또 반드시 활발히 이루어져야 하는 일이기도 하다.

신화의 구성과 변형

레비스트로스는 원시 사회의 신화를 분석한 다음 그 근본구조를 밝혀냈다. 그는 대립되는 두 항목을 근본구조로 신화가 구성되어 있다고 말했다(대립되는 두 쌍을 두고 우리는 이항대립, 짝패, 길항 등의 용어를 사용하는데 여기서는 이항대립이라는 말로 통일시켜 사용한다). 즉, 하늘과 땅, 인간 대 자연, 흑과 백, 해와 달, 물과 뭍, 선과 악, 영혼과 육체, 밤과 낮 등과 같은 이항대립이 기본적인 신화구조라는 것이다. 신화구조에 대한 이와 같은 설명은 상당히 설득력이 있다. 우리가 아는 대부분의 이야기들을 보면 그렇다. 정의의 사자와 악당의 싸움, 악마와 천사의 갈등, 신구세대의 대립, 동양과 서양의 대립 등. 물론 이항대립을 둘러싸고 여러 가지치기가 이어질 수도 있지만 큰 골격이 그러하다는 것이다.[4]

광고에서도 그와 같은 설정을 쉽게 찾아볼 수 있다. 〈광고 3-2〉는 가사노동과 바깥노동을 부엌 안팎의 대조를 통해 그 의미를 만들어 내고 있다. 광고를 자세히 보면 젊은 부부의 행위가 집안의 입구, 거실, 부엌, 식탁 공간에서 벌어지고 있음을 암시하는 소품들이 많이 놓여있다. 실내화가 그렇고, 소파 위의 쿠션도 두 사람이 사는 집임을 암시하고 있다. 책장, 소파,

---

4 김경용(1975), 《기호학이란 무엇인가: 기호의 우리, 우리의 기호》, 민음사. 이 책은 이러한 논의를 기호분석을 통해 한국 상황에 맞추고 있다.

〈광고 3-2〉 청정원 광고

쿠션, 식탁, 거실 내 각종 인테리어 등으로 미루어 도시의 젊은 부부의 집안임을 어렵지 않게 짐작할 수 있다. 그런데 이 거실의 두 주인공 중 남자는 얼굴과 시선을 드러내지만 여자는 손만 드러내 보인다. 남자 모델의 시선은 수용자를 향하는 듯 보이지만 극중 상황으로 유추하자면 여자 모델을 향하고 있음에 분명하다. 도시 공간에서의 부부, 부부들 간의 역할 분담, 집안에서의 봉사하는 여성의 손, 그 손을 위로하는 따뜻한 남성의 눈 등으로 이 광고는 구성된다. 남녀, 봉사하는 이와 대접받는 이, 사랑하는 이와 사랑받는 이, 보는 이와 보여지는 이 등 대립되는 항목으로 이야기를 만들어 가는 것이다.

〈광고 3-3〉은 하이테크와 평범한 기술 간의 대비를 통해 의미를 창출한다. 전자혁명과 산업혁명의 유비로도 보이는 비교를 크기를 기준으로 행해낸다. 산업혁명의 기술로 립스틱을 만들어냈다면 전화혁명의 기술로 립스틱만 한 전화를 만들어 냈음을 강조한다. 서로 대립되는 두 항목을 내세워 의미를 만들어내고 있다.

〈광고 3-4〉는 자연과 인간(혹은 과학) 간 대립을 골격으로 하고 있다. 흰 눈으로 뒤덮인 산악을 스노보딩(과학)하는 인간과 대비시켜 놓고 있다. 그런데 이와 같은 대비, 대립, 차이는 관계를 맺지 않은 채 존재하지 않는다. 대비된 그림 주위의 캐치프레이즈나 슬로건을 통해 대립하는 두 쌍의 관계를 설정하고 있다. 이는 앞서 예로 들었던 2개의 광고에서도 뚜렷이 드러난

〈광고 3-3〉 핸드폰 스카이

〈광고 3-4〉 마일드세븐 담배

다. 대립되는 두 항목 간 관계는 각 광고마다 조금씩 다르지만 대체로 동질화, 차별화, 전이 등의 관계를 맺고 있다.

첫 번째 관계맺기 방식은 대립하는 둘 간 거리를 지우는 일이다. 〈광고 3-2〉에서는 가정이 자연과 한데 어우러져 있음을 강조한다. 즉 가정 바깥의 순수한 농산품이 사랑을 담은 가정 내 산물로 바뀌는데 그 중간과정에서 '청정원'이 만든 조미료가 촉매역할을 한다. 광고한 조미료 상품을 이용했을 경우 얻게 될 가정의 행복, 부부간의 사랑 등을 강조하고 구태여 가정 바깥으로 나가 유기물을 농사짓거나 구매할 필요가 없음을 전해주고 있다. 이러한 대립거리를 지우며 관계맺음을 — 자연과 가정의 — 동질화(*assimilation*) 라고 부를 수 있다.

〈광고 3-3〉는 평범한 과학과 하이테크 간의 대비를 통해 하이테크가 한 단계 더 높은 기술임을 보여준다. 놀라울 만큼 우월하다는 것을 강조하고 있다. 슬림한 장점을 강조하고 있는 이 광고 시리즈에는 잘 보이진 않지만 하단부에 "SKY IM-1100, 크기: 87×44×23.5mm, 무게: 86.5g, …" 등과 같은 상품의 스펙을 적어서 하이테크가 빚어낸 경박단소(輕薄短小)[5]를 부각시키고 있다. 이처럼 대비를 통해 어느 한쪽의 우위를 강조하는 관계맺기를 두고 차별화(*differentiation*)라고 말할 수 있다.

〈광고 3-4〉는 자연과 인간(혹은 과학)의 비교를 통해 자연의 순수하고 깨끗함을 인간과 과학 덕분에 상품에서 고스란히 다시 맛볼 수 있음을 전달하고 있다. 눈이 갖는 순수함과 가벼움보다 더욱 순하고 가벼운 맛을 과학이 상품에 전이시켰으니 맛을 보라며 유혹한다. 자연과 인간(과학)의 대비를 통해 자연을 상품 안으로 전이(*transference*)시키고 있다.

대립되는 두 요소 간에 동질화되고, 차별화되고, 전이되는 과정을 살펴보았지만 이외에도 변형, 절합, 역전 등의 관계가 얼마든지 있을 수 있다. 여기서 중요한 것은 어떤 관계가 있느냐 하는 것이 아니라 그 관계설정을 통해 어떤 효과를 얻는가

5 경박단소는 디지털 기술로 인해 다양한 미디어들이 가벼워지고, 얇아지고, 짧아지고, 작아지고 있는 경향을 설명하는 용어다.

하는 점이다. 예로 든 세 광고는 대립하는 두 요소를 등장시켜 관계를 맺게 한 다음 특정효과를 얻고자 하는데, 과학의 승리를 강조하는 공통효과를 노리고 있다.

〈광고 3-2〉에서 과학은 서로 떨어져 있는 공간을 한데 묶어 준다. 이질적인 공간의 동질화를 이룩한 과학은 먹는 시간과 공간을 통해 편리함, 즐거움, 사랑을 전해주고 있다. 〈광고 3-3〉에서도 과학은 경박단소를 이루어 수용자에게 놀라움을 선사한다. 과학 그 자체가 놀라움인 것이다. 과학이 끊임없이 발달해 그 이전의 과학보다 우리에게 많은 이득을 전해줌을 강조하고 있다. 〈광고 3-4〉는 과학이 자연을 가공해 '자연보다 더욱 자연 같은' 맛과 향을 선사할 수 있음을 전해준다. 광고비평가들은 이 경우를 두고 과학이 자연을 요리한다(*cooking*)고 말한다. 자연 위를 달리는 스노보드가 눈을 요리해 만들어진 결과가 마일드 세븐이고, 그를 소비하면 눈보다 시원하고 가벼운 느낌을 얻는다고 설득한다. 세 편의 광고 모두 공통적으로 과학의 승리를 노래하는 셈이다.

예로 든 광고들은 신화구성의 기본 골격으로 대립하는 요소를 등장시켜 과학신화를 제시한다. 즉 '과학은 우리에게 반드시 필요한 것이다', '과학은 우리 삶의 진전을 돕는다', '과학은 우리를 보다 나은 미래로 안내한다' 등의 의미를 만들고 있다.[6]

---

6 이를 과학적 주체로 만드는 과정이라고 할 수 있다. 과연 우리가 언제

이때 과학에 관한 신화는 진리가 아니다. 광고에서 말하는 바처럼 과학의 효능도 있을 수도 있겠지만 과학으로 인한 삶의 황폐화도 만만찮다. 하지만 우리는 대체로 과학을 믿는다. 그 존재에 대해 의심하지 않는 편이다. 아니 과학이 가져다 줄 행복을 믿는다. 정보사회에 대한 막연한 기대, 신기술이 가져다 줄 미래사회 등에 익숙해 있다. 과학의 신화에 익숙해 있고 그 안에서 과학을 이해해온 탓이다. 진리가 아닌 것을 진리인 것처럼 받아들이도록 진리의 영역을 만들어 온 탓이다. 학교교육, 광고 등 매체를 통한 산포, 일상생활에서 누리는 과학의 편리함 등이 겹쳐져 과학은 '자연을 정복하고, 가공하여 우리의 삶을 윤택하게 해주는 사회적 제도'로 받아들여지게 되었다.[7] 그것이 바로 과학신화 만들기인 것이다.

광고와 신화, 그리고 수용자

광고는 신화와 그 형식을 이용해 압축된 메시지로 자신의 목적을 달성하려 한다. 광고를 사회 내 신화를 재생산하는 제도라고 말하는 것은 그런 탓이다. 광고는 이미 사회 내 알려진 신화

부터 과학의 신화를 받아들이는 주체가 되었고, 어떻게 그 주체형성이 이뤄지는지에 대해서는 서범석 외(2006), 《근대적 육체와 일상의 발견》, 경희대출판부를 참조하기 바란다. 이 저서는 일제시기 신문광고에 과학(의학)이 대중의 일상 안으로 들어오면서 대중을 과학적 주체, 의학적 주체로 어떻게 불러내는지를 논의하고 있다.

7 원용진(1998), 《광고문화비평》, 한나래출판사 참조.

의 형식, 그리고 신화의 내용을 지속적으로 활용한다. 광고에 대한 신화 비평은 그에 주목한다. 그에 보태어 주목할 점은 광고의 수용자다. 실제 신화가 재생산되는 곳은 광고이기도 하지만 광고를 받아들이는 수용자들이기도 하기 때문이다. 광고 속 신화에 주목하고 그를 분석하는 신화 비평은 광고 수용자를 어떻게 파악해야 할까.

수용자들은 광고가 담고 있는 신화적 형식이나 내용에 대해서 광고를 접하기 전부터 익숙해 있다. 광고만이 신화적 형식과 내용을 담는 유일한 매체가 아니다. 학교에서 접하는 것들, 다른 대중매체를 통해서 얻는 것들, 가정에서 듣는 얘기들, 이 모든 것이 신화적 형식, 내용과 무관하지 않다. 우리는 이들을 매일같이 반복 수용한다. 수용자들은 이를 반복해서 접하고 생활화한다. 광고수용은 이미 생활화된 내용을 광고에서 재확인하는 절차다. 즉, 광고 속 신화적 형식이나 내용을 통한 신화의 재생산은 수용자의 도움을 받아 이루어지는 셈이다.

수용자가 광고 속 신화적 형식이나 내용을 받아들이게 되는 순간을 두고 주체가 형성되었다고 말한다. 이때 사용되는 주체(*subject*)란 용어는 참으로 재미있다. 우리는 주체라고 하면 흔히 능동적으로 무언가를 만드는 사람을 떠올리지만 실은 그렇지가 않다. 영어로 'subject'란 용어는 능동적인 개인이라기보다 복종하는 개인에 더 가깝다. "I am subject to you"라는 말은 "나는 너에게 종속되어 있다"라는 뜻을 지닌다. 즉, 주체가 만들어지는 것은 개인이 신화에 복종함으로써 가능하다는 것이다. 그러면 왜 객체라고 말하지 않는가? 광고를 접하면서 수용자 개개인은 신화적 형식이나 내용을 자신이 능동적으로 해석하고 재미를 구한다고 생각하기 때문에 주체라고 부른다. 광고 내 신화에 복종하는 것이 아니라 스스로 능동적으로 해석하고 있다고 착각하는 셈이다.

그런 점에서 주체가 만들어지는 것은 착각 속에서 주체가 되는 일이며, 실제로는 객체가 되는 일에 다름 아니다. 신화를 중심으로 꾸민 광고가 소비자, 수용자를 부르고, 수용자가 그 부름에 답하며 주체가 되는 순간을 포착하는 것이 신화 비평으로 행한 광고비평이다. 광고에 대한 신화 비평은 광고가 우리를 어떻게 주체화시키고 있는지 살펴보는 일도 포함하는 셈이다. 결국 신화 비평은 신화의 구성을 살피는 것에 더해 그것이 내는 효과, 즉, 주체 구성까지 살펴보는 일이 되겠다.

신화 비평은 결코 광고 창작자들에게 도움이 되는 일이 아니라는 생각을 가질 수도 있다. 그러나 반드시 그렇지만은 않다. 광고가 신화적 형식이나 내용에만 기댄다고 반드시 성공이 보장되지는 않는다. 하지만 앞서 말한 대로 신화는 오랫동안 존재해왔던 형식에 기대고 있으며 변화하지 않는 보편적 믿음을 담고 있다. 광고가 신화적 보수주의를 깨는 일은 분명 부담은 있지만 그 파격성으로 인해 의외의 성공을 거둘 수도 있다.

이미 여성에 대한 신화를 여러 번에 걸쳐 깨보았던 경험이 있고, 정치에 대한 신화마저 깬 적이 있는 광고가 신화에 대해 망설일 필요는 없는 것 같다. 주위의 신화적 형식과 내용들을 살펴보고, 그것을 깨는 것으로 새로운 지평을 여는 일은 모험 같지만 오히려 저질러 볼 필요가 있는 일이라 생각한다. 그런 점에서 광고 창작자가 스스로 광고, 대중문화물 등에 대해 신화 비평을 해보는 일[8]도 필요하지 않을까.

8 다니엘 챈들러(2006), 《미디어 기호학》, 강인규 역, 소명출판. 이 저서는 신화분석을 위한 기초개념부터 시작해서 다양한 형태의 신화분석이 가능할 수 있는 설명을 제공하고 있다. 실제 신화분석도 포함하고 있으므로 신화분석을 더 체계적으로 알고 싶은 독자는 이 책을 참고해 도움을 받을 수 있다.

4

이데올로기 비평

지배 권력에 봉사하는 광고의 작동방식 찾기

*

모든 광고는 정치적이다. 광고 창작자들은 더 많은 소비자를 확보하기 위해, 다시 말해 더 막강한 권력을 잡기 위해 광고 안에 다양한 기제를 설치한다. 광고비평가 엄창호는 광고창작의 목적을 더 많은 소비자 확보를 위해 바치는 '덫 놓기'라고 규정한 바 있는데,[1] 우리가 광고의 포섭 기능에 특히 주목하는 까닭은 캠페인의 성공이나 광고효과를 칭송한 나머지 광고가 미치는 이데올로기적 영향까지 면죄부를 받을 수는 없기 때문이다. 현대 광고는 고도의 상업적 코드를 통해 이데올로기의 생산과 재생산에 개입함으로써 사회적 불평등 관계를 강화하고 구조적 모순을 더욱 심화시키기 때문에 지배권력에 봉사하는

1 엄창호(1998), 《광고는 덫이다》, 두리.

광고의 속성에 특히 주목할 필요가 있다.

이데올로기 비평이란 무엇인가? 이데올로기 비평은 광고 속에 숨어있는 지배권력의 의도를 포착하는 데에서 시작되며, 문화에 대한 맑시즘 이론에서 파생되었다. 이데올로기 비평에서는 광고나 텔레비전 프로그램 같은 문화적 가공물들(*artifacts*)이 수용자를 향해 특정한 지식과 입장을 생산하는 방식에 관심을 둔다.[2] 이때 문화적 가공물의 하나인 광고는 상업적 지배권력인 광고주가 그들의 특권적 지위를 유지하기 위해 특수한 역사적 맥락에서 생산하는 것으로 가정된다. 이와 같은 가정 뒤에 고전적인 의미의 맑시즘 이론이 놓여 있다.

이데올로기 비평은 사회를 토대/상부구조의 모델로 구분하는 고전적 맑시즘에서 출발하지만, 문화적 가공물들이 지배계급의 이익에 봉사하기 위해 가공되는 관념과 신념의 체계라는 단선적 논리를 프랑크푸르트학파가 수정함으로써 인식의 변화를 가져온다. 수용자들은 풍요로운 소비생활을 영위함으로써 욕구충족을 하며 이렇게 되면 계급갈등에 눈뜨기보다 기존 질서에 자신을 동화시키려 한다. 이데올로기 비평에서는 이런 상황에 주목하여 상품 이데올로기가 소비자의 생활방식으로까지 작용함으로써 발생하는 수용자의 물화과정과 소외현상에

2 Robert C. Allen 편, 김훈순 역(1994). 《텔레비전과 현대비평》, 나남출판, 187쪽.

대해 구체적으로 비판한다.

두루 알다시피 현대 소비대중사회에서는 상품의 교환가치가 사용가치에 비해 우월적 지위를 누리고 있다. 루카치나 아도르노 같은 프랑크푸르트학파의 좌장들은 상품의 물화(物化) 과정에 주목함으로써 광고에 대한 이데올로기 비평의 단서를 제공했다. 물화과정이란 무엇이겠는가? 상품으로부터 상품생산에 공들인 임노동 과정과 자본의 가치를 모두 제거하고 오로지 상품의 교환가치만을 부각시키는 왜곡된 의식형태이다. 공장에서 만들어진 상품은 광고를 통해 알려지는 순간 사용가치가 제거되고 오로지 '죽은' 노동으로만 남아있는 교환가치의 성격을 지닌 상품으로 바뀐다. 더욱이 시장논리 속으로 상품이 함몰되면 수용자는 제조된 욕망의 창을 통해 상품 소유욕을 키움으로써 상품과 인간성을 분리하게 된다. 이런 현상을 루카치는 물화(*reification*)라는 용어로 설명했는데, 물화는 원용진(1996)의 지적처럼 "사회에 대한 구체적이고 역사적이면서 총체적인 인식을 가로막는다".[3]

일찍이 아도르노가 대중음악에 대해 설명하면서 사용했듯이 현대 광고 역시 사회적 접합제(*social cement*) 역할을 맡는다. 공황상태가 오지 않는 한, 광고는 계속해서 체제모순과 계급갈등을 외면하도록 최면을 걸어 집단적인 의식의 수면상태에

3 원용진(1996), 《대중문화의 패러다임》, 한나래, 119쪽.

빠지게 한다. 텔레비전 프로그램과 마찬가지로 광고는 일련의 가치와 태도를 수반함으로써 지배적인 사회·문화적 이데올로기를 유지하는 데 기여한다. 광고 텍스트에는 다양한 기호가 가득한데, 여기에서 우리는 광고의 문화적 포섭력을 감지할 수 있다. 따라서 광고에 의한 대중문화의 형성은 결국 물화의 확산과정이나 다름없다. 현대 광고는 상품미학을 유포시킴으로써 계급의식을 가로막는 방어장벽의 기능까지 맡고 있는데 광고 메시지에 포섭된 수용자들은 스스로 '역사와 계급의식'(루카치)에 눈뜰 기회마저 잃게 된다. 권력독점을 위해 상품미학을 전파하는 광고 이데올로기는 수용자에게 모범적 소비의 이상향을 제공하며 역설적이게도 상품의 사용가치를 말살하는 결과를 초래한다.

거대한 백화점으로 가득 찬 소비대중사회에서 노동자는 평생 동안 임노동 수행의 보상이라는 왜곡된 자본주의 쾌락원칙에 안주하면서 오로지 더 좋은 상품을 갈망하는 소비자로서만 남을 수도 있다. 보다 인간답게 살기 위해 땀 흘리는 노동의 소중함은 사라지고 더 좋은 상품을 더 많이 소유하는 데 자신의 모든 것을 바치는 도구적 인간으로 전락한다. 결국 상품에 대한 지배권력을 지니지 못한 노동자는 노동시간이 아닌 자유시간에도 소비라는 소외된 행위권한만을 부여받게 된다.

보드리야르가 말했듯이 현대인의 소비행위는 향유의 기능이 아니라 생산의 기능, 다시 말해서 강제적인 사회적 노동에 지나지 않는다.[4] 노동자들은 광고하는 상품, 다시 말하여 소비의 신이 그들의 욕망을 구원해줄 것으로 믿고 있으나 파편화된 광고기호들은 '수동적 나태'로 그들을 달래는 동시에 점차 부르주아적 가치를 주입시킨다. 상품미학의 확산과정에서 광고 메시지는 가치체계를 무차별적으로 차용하여 기호화함으로써 수용자의 욕망을 형성하는 데 깊이 개입하여 결국 장악해버린다. 그리하여 결국 소비의 이상향을 무한대로 팽창시키며 이 과정에서 광고는 이데올로기적 권력을 행사할 뿐 아니라 경우에 따라서 제도화된 권력보다 더 막강한 권력을 행사할 수 있다. 이때, 광고비평은 초점은 어디에 집중되어야 할까?

이데올로기 비평방법으로 광고비평을 할 때는 광고의 사회구성체적 성격을 규명하고, 이를 통해 광고 텍스트가 사회구조적 모순을 어떻게 표상하고 그 모순을 심화시켜 지배계급의 헤게모니 구축에 기여하는지를 규명해야 한다. 또한, 광고의 이념적 작동방식을 찾아내는 것을 텍스트 해독의 목표로 삼아야 한다.[5] 현명한 지배계급은 피지배계급에 대해 강제적인 물리력을 행사하지 않고 피지배계급으로부터 지배-피지배 관계에 대한 경제적, 정치적, 사회적, 문화적 차원의 자발적인 동

4 백한울(1995), "상품미학과 일상문화", 미술비평연구회 대중시각매체연구분과 편, 《상품미학과 문화이론》, 눈빛, 25~26쪽.

5 박명진(1989), 《비판적 커뮤니케이션 연구의 성과와 그 쟁점》, 서강대언론문화연구소, 52쪽.

의과정을 거침으로써 지배권력을 행사하게 된다. 따라서 광고 비평에서는 사회적 모순, 사용가치에 대한 교환가치의 지배, 계급 간 불평등을 조장하는 광고 텍스트와 콘텍스트의 분석작업이 동시에 수행되어야 한다. 이와 더불어 피지배계급에 대한 지배를 정당화시키고 수용자에게 자발적 동의를 유도하는 광고 메커니즘의 분석에 그 초점이 모아져야 한다.

예컨대, 푸르덴셜생명보험의 광고 '남편 죽어' 편(2006)에서는 사용가치에 대한 교환가치의 지배가 얼마나 심각한지를 확인할 수 있다(〈광고 4-1〉 참조). 광고가 시작되면 잔잔한 음악이 흐르는 가운데 흑백의 영상으로 "10억을 받았습니다"라는 미망인의 경험담이 시작된다. 평화로운 전원주택에서 젊은 엄마는 세차를 하고 있고 딸은 정원 한쪽의 그네에 앉아 비눗방울 풍선을 불고 있다. 모녀가 평화롭게 지내고 있는데 대문 안으로 한 남자가 인사를 하며 들어선다. 찾아온 신사는 다름 아닌 사망한 남편의 보험을 관리하던 보험 설계사이다. 이때 "모든 것이 남편과의 약속이라고 했던 이 사람. 이제, 이 사람이 우리 가족의 라이프플래너입니다" 라는 내레이션이 흐른다.

이 광고는 보험에 가입한 지 19시간 만에 사망하고 10억 원을 받은 실제 사례를 바탕으로 제작되었다고 한다. 보험에 가입한 남편이 죽은 다음에 곧바로 10억 원을 받고서 어린 딸과 함께 밝은 표정으로 함께 비눗방울 풍선을 불고 있는 부인의 모습에서, 남편과의 약속을 지킨 보험회사의 신뢰성을 확인해

〈광고 4-1〉 푸르덴셜생명보험 광고 '남편 죽어' 편

야 할까, 아니면 여성의 은밀한 욕구가 실현된다는 비정한 세태를 확인해야 할까. 더욱이 남편이 죽고 없는데 광고의 배경음악은 "아름다운 날"(〈It's A Beautiful Day〉)이라는 잔잔한 피아노 선율이다. 물론 상품판매를 위한 메시지라는 광고의 기능 측면에서는 푸르덴셜생명보험을 널리 알릴 수 있는 내용으로 볼 수도 있겠으나, 너무 노골적이라 섬뜩하고 왠지 모를 분노를 일으킨다. 네티즌들은 이 광고에 대해 실상을 호도한 과대광고라고 평하며 2006년 최악의 광고로 선정하기도 했다.

이 광고의 가장 음험한 의도는 수용자가 자신도 모르게 광고상품에 경도되어 서서히 물화과정으로 함몰되도록 구성되었다는 점이다. 겉으로는 가족의 생활설계를 내세우지만 실제로는 최소한 지켜져야 할 가족 가치관을 부정하고 보험상품의 교환가치를 팔고 있다. 세상에서 가장 소중한 가족에 대한 믿음이나 남편에 대한 추억은, 보험금으로 대체될 뿐만 아니라 교환가치의 지배권력을 확보하려는 마케팅 메시지 앞에서 흔적 없이 사라질 수밖에 없다. 푸르덴셜생명보험이라는 지배계급은 피지배계급에 해당되는 수많은 수용자들에게 강제적인 물리력을 행사하지 않는다. 오히려 정교하게 다듬어진 광고표현의 '덫'을 놓아 수용자의 자발적인 동의를 유도함으로써 지배권력을 행사하는 것이다.

또한, 이 광고에 등장하는 비눗방울 풍선과 그네는 평화로움을 상징한다. 광고표현에 있어 의도되지 않은 장면은 없다.

수용자들은 광고에 나타난 장면을 통해 어떤 상황에서도 보험의 혜택으로 평화롭게 살 수 있다는 광고 메시지에 포섭될 것이다. 이런 효과를 노리기 위해 광고 창작자들은 장면설정에 신중에 신중을 기하겠지만, 상품미학을 전파하기 위해 선택되는 여러 가지 장면과 기제들이 결국 모든 것을 도구화시킨다고 하겠다. 일찍이 아서 아사 버거(Arther Asa Berger)는 광고의 이데올로기적 의도에 주목하면서 광고의 중독적 역기능 현상을 다음과 같이 우려한 바 있었다.

> 광고는 상품화 도구 이상이다. 즉, 광고는 일상생활을 통제하며 사회관계를 지배한다. 그리고 동시에 광고는 사람들이 (자신의) 내부로 주의를 기울여 그들을 다른 사람들로부터 고립시키도록 한다. 그리고 광고는 사람들에게 취향의 집합적 형태를 부과한다. 광고는 대중매체에 의해 전달되는 일종의 대중예술이며, 설득하고 확신시켜서 당면한 임무를 수행하는 예술형태이다. 당면한 임무는 재화를 파는 것이며, 장기적 임무는 계급체계를 유지하는 것이다. 재화를 팔기 위해, 광고는 태도 · 가치 · 생활풍습 · 관습 · 습관 그리고 선호를 변화시켜야 하며, 동시에 이러한 변화가 이익이 되는 경제체계를 유지시켜야 한다(Berger, 1982).[6]

---

6 한국사회언론연구회 매체비평분과 역(1990), 《대중매체비평의 기초》, 이론과실천, 60쪽 ; Arthur Asa Berger(1982), *Media Analysis Techniques*, Beverly-Hills, CA: Sage.

따라서 이데올로기 비평에서는 광고 메시지의 영향력이 집중적으로 흡수되는 대상인 수용자의 소외현상에 눈길을 주어야 한다. 또한, 수용자의 주권 회복을 위해 현대 소비대중사회에서 역설적이고 모순적인 지식의 관점들을 집중적으로 생산하는 광고전략과 메커니즘의 숨어있는 의도를 깊이 있게 파헤쳐야 한다. 현대 광고는 "사회적 과정과 사회적 산물로서 텍스트에 관여"[7]함으로써 이데올로기 실천의 구체적인 영역을 구축하기 때문에 이데올로기 비평에서는 이에 대한 경계심도 늦추지 말아야 한다.

예컨대, 롯데칠성음료 2%부족할 때 광고 '사랑' 편(2002)은 간결하고 군더더기 없는 메시지를 통해 새로운 니치시장을 개척한 광고라는 긍정적 평가에도 불구하고 이데올로기 비평의 사정권에서 벗어나기 어렵다(〈광고 4-2〉 참조). 마케팅적 비평의 입장에서는 새로운 카테고리를 형성한 성공적인 캠페인으로 평가하겠지만 이데올로기 비평의 관점에서 보면 심각한 인간소외 문제가 포착된다. 청춘스타 전지현과 조인성이 연인으로 등장하는 이 광고에서는 남녀간의 이별을 소재로 사랑의 갈증을 전달하고 있다. "사랑을 100% 믿으면 바보다"라는 카피를 통해 사랑의 갈증을 표현한 광고이지만 역동적으로 살아갈

7 Robert C. Allen 편, 김훈순 역(1994), 《텔레비전과 현대비평》, 나남출판, 226쪽.

〈광고 4-2〉 2%부족할 때 광고 '사랑' 편

수용자들을 소외된 욕구의 포로로 만들어버린다.

우리 몸의 70% 이상이 물로 채워졌음을 생각해보면 갈증을 느끼는 그 순간이 1% 부족한 순간인지, 3% 부족한 순간인지 그 누구도 자각하지 못한다. 2%를 내세우는 상업적 함의를 보라. 1% 정도의 부족은 괜찮을 거라고 생각해서 갈증이 날 때 이 상품을 사서 마실 필요성을 느끼지 않을 수도 있다. 반면에 3% 부족하다면 수용자들은 음료를 마시는 것만으로는 성이 차지 않아 대안을 생각할 것이다. 다양한 소비자 분석을 바탕으로 그 애매한 분기점에 2%부족할 때라는 상품을 올려놓은 것이다. "그래, 2% 정도 부족하다면 마셔야지…." 광고에서는 이와 같은 수용자의 기대반응을 노리고 있다. 그러나 수용자들이 광고 메시지에 감염된 후에는 갈증을 느낄 때마다 꼭 2% 정도 부족할 것이라는 느낌을 갖게 될 것이며, 이러한 자기로부터의 소외 속에서 수용자들은 "자기 의식적이며 스스로 활동하는 상품"으로 서서히 변해간다.[8] 결국 이 광고 메시지에 포섭되어 2%부족할 때를 더 많이 마시면 마실수록 자기로부터의 소외가 심화되는 결과를 초래하게 된다.

이데올로기 비평의 관점에서 현대 광고를 보면 현대 광고는 소비대중사회의 소외를 조장하며 그 영역을 넓혀나간다. 수용

8 Erich Fromm(1962), *Beyond the Chains of Illusion: My Encounter with Marx and Freud*, New York: Simon & Schuster, p. 51.

자의 주의를 사회적이며 정치적인 쟁점으로부터 자아도취적이며 사적인 관심으로 돌리는 광고의 역기능이 갈수록 창궐하는 21세에는 이데올로기 비평의 비중이 점점 커질 수밖에 없다. 광고에서 주장하는 개별적인 자기만족은 망상으로 발전되었으며 이 과정에서 나타난 소외현상은 늘 인간성의 파탄으로 연결되었다. 성공한 쿠데타는 처벌할 수 없었다 하더라도 성공한 마케팅은 심판받아야 마땅하다. 따라서 수용자의 이기심을 강화시킨 데 비해 공동체 의식은 약화시키는 광고는 언제라도 이데올로기 비평 방법론의 사정권에서 벗어나기 어렵다.

카피는 상품의 서정시가 되고 비주얼은 상품의 수채화가 되는 현대 소비대중사회! 소비사회의 꿈이 커갈수록 소비사회의 짐도 무거워질 수밖에 없다. 이때, 광고에 대한 이데올로기 비평은 소비사회의 '꿈'과 '짐' 사이의 균열현상을 면밀하게 진단하는 현미경이 되어야 한다. 이와 동시에 이데올로기 비평은 건전한 소비사회에 대한 구체적인 전망을 제시하는 망원경의 역할도 담당해야 할 것이다.

5

페미니즘 비평

성에 대한 편견과 왜곡된 재현, 그 상징적 폭력의 폭로

서양의 한 인류학자가 원시부족을 찾는다. 연구차 방문했던 그는 그 부족이 문자를 지니고 있지 않다고 판단한다. 그리고 문자 없는 인간생활과 문자로 영위되는 인간생활 간에는 어떤 차이가 있는지 알아볼 좋은 기회로 삼는다. 그는 일종의 실험을 행할 요량으로 부족의 족장에게 문자를 가르친다. 족장은 문자를 배우자 문자를 아직 익히지 않은 나머지 부족민에 권력을 행사하였다. 과거 족장으로서 펼쳤던 권력보다 더 강한 권력행사였다. 인류학자는 문자를 깨친 자는 그렇지 않은 자에게 권력을 행사하며 지위를 도모하게 됨을 발견했다고 결론짓는다. 그리고 문자가 권력의 도구로 활용되고 있음에 비추어 문자는 인간 사회의 악이요, 독(毒)임에 틀림없다고 말한다. 그래서 문자로 영위되는 서구 문명사회를 가리켜 "반(反) 인간

사회"라 이름 붙인다. 다분히 낭만주의적 사고를 가졌던 이 인류학자는 문자 없는 원시부족이 서구 문명사회보다 훨씬 더 인간적이고 살가운 사회인 것처럼 설명해냈다.

후대 학자들은 이 인류학자를 두고 반(反)서구 문명을 설파한 위대한 인물인 양 소개한다. 서구의 인류학자들이 일반적으로 제국주의적 시선으로 동양 문화, 원시 문화 등을 관찰하고 그에 입각해 서구 중심적인 혹은 백인 우월주의적인 결론을 내리는 것과는 다르다는 점 때문이었다. 이 인류학자를 반서구적이며 반인종우월주의적인 결론을 내렸다고 떠받들었다. 문자 없는 사회를 더욱 추어올리고 문자로 뽐내는 서구 문명을 폄하했으니 그렇게 대접받는 것은 당연했으리라. 하지만 어느 세상이든 삐딱이들은 있는 법. 몇몇 삐딱이들은 그 인류학자의 반서구중심주의를 의심하기 시작했다.

우선 도대체 어떤 기준에서 그 원시부족에 문자가 없었다고 결론지었는지를 물었다. 주지하다시피 원시사회도 "완전한" 꼴은 아니라 할지라도 상형문자 혹은 도상문자 등으로 소통했을 수도 있다. 그 인류학자는 그러한 꼴의 원시문자를 왜 문자라고 쳐주지 않고 문자 없는 사회라고 단정지었을까? 삐딱이들은 말한다. 그 인류학자는 문자에 관한 한 늘 서구의 알파벳을 기준으로 사고했을 거라고. 알파벳 기준에 맞추어 문자 꼴을 갖추었다, 아니다를 정했으리라 결론을 내린다. 그 인류학자에게는 당연히 반서구중심주의자라는 말이 어울리는 것이 아니라 서구의 알파벳중심주의가 뼈에 사무친 자라는 말이 더 어울린다고 보았다. 자신의 서구 중심주의적 사고가 핏속에 흐르고 있어 미처 헤아릴 수조차 없었으니 그는 이미 언제나 서구중심주의자이자, 백인우월주의자였던 셈이다.

가부장제 재생산의 고리

세상살이가 늘 그렇다. 우리는 쉽게 스스로를 공평무사한 사람이라고 내세운다. 하지만 어떤 일에든 공평무사하기란 말처럼 그렇게 쉽지가 않다. 주위에서 자신을 페미니스트라고 칭하는 사내들을 자주 만난다. 남성 우월주의를 과감히 떨쳐 버리고 사니 이렇게 편할 수가 없다며 떠벌리는 사내들도 적지 않다. 말처럼 진정한 페미니스트가 되기란, 남성 중심적인 사고를 떨쳐 버리기란 여간 어렵지 않다. 사내들만이 아니다. 스스로 여성으로 사는 일에 대해 불만을 드러내며 가부장제적 사회에 변혁의 바람이 불어야 한다고 주장하는 여성들조차도 예의 인류학자처럼 자신의 무의식에 남성중심 사상을 묻히고 있음을 자주 목격한다.

그럴진대 가부장제 자본주의 사회의 대중매체가, 그 중에서도 자본주의의 꽃이라 불리는 광고가 남성 중심의 사고를 별다른 주저 없이 드러낼 것이라 짐작하는 일은 어렵지 않다. 남성중심주의는 인류 역사 이래 꾸준히 진행되어 왔지만 자본주의에 이르면 중심주의는 정점에 이른다.[1] 그러므로 자본주의의

산물인 광고라는 제도에 이르면 남성 중심성은 극대화되어 있음을 알게 된다. 거대 자본에 업히거나 기대어 존재하는 광고가 자본주의를 거스르기는 하늘의 별따기인지도 모른다. 우리가 매일같이 쏟아져 나오는 광고의 내용에서 반여성적이고 친가부장제적인 것들을 빈번하게 접하는 이유다. 그 내용들은 문화 전반으로 스며들고 새로운 사회성원들은 그로부터 가부장제를 무의식적으로 받아들이도록 배우게 된다. 이같이 광고가 사회에서 차지하는 힘이 엄청남을 아는 사람들은 가부장제적 재생산의 고리를 끊기 위해 광고의 가부장제적 요소를 공격하고 개선을 요구한다. 인류의 반을 차지하고 있는 여성들이 차별당하고 있음을 지적하고, 그 차별은 남녀 모두에게 이롭지 않은 일임을 지적하고 교정하려 한다. 그런 입장에서 광고를 비평하는 일을 두고 페미니즘 광고비평이라 부른다.

페미니즘이 광고에 각별한 의미를 부여하는 것은 너무도 당연한 일이다. 광고 안의 내용은 단순히 광고적 사건으로 그치지 않는다. 그것은 일정한 사회적 효과를 갖는다. 여성을 왜곡되게 재현하는 일을 재현적인 사건으로만 한정해 사고할 수 없다. 여성에 대한 왜곡된 재현은 이어 여성을 왜곡되게 대하는 사회적 행동으로 이어진다. "난 큰 게 좋더라"라는 과자광고

1 페미니즘이 비평하는 가부장제적 대중문화는 다음 책에서 집대성해 정리해주고 있다. 수잔나 월터스(1999), 《이미지와 현실 사이의 여성들: 여성주의 문화이론을 향해》, 김현미 외 역, 또하나의문화.

카피는 성적인 면을 암시하며 소비자들의 기억에 오래 착종하려는 의도를 갖고 있다. 그 카피를 말하는 등장인물인 여성 모델을 지속적으로 대하게 되면 모든 여성들을 성적 접촉을 늘 염두에 두는 사람으로 인식하게 된다. 사랑 대신 "대형 남근"을 좇는 존재로 여길 가능성이 높아진다. 그리고 현실세계에서는 원치 않는 성적 접촉을 "대형 남근"을 내세워 강요할 수도 있다. 광고내용은 상징을 이용한 재현이었지만 그 내용은 여성에 대한 폭력 그리고 그 폭력에 대한 관용으로까지 이어질 수 있다. 그래서 광고를 비롯한 대중매체가 행하고 있는 특정 집단에 대한 편견이나 왜곡된 재현을 두고 "상징적 폭력"(*symbolic violence*) 이라고 부른다. 페미니즘 광고비평은 그와 같은 상징적 폭력을 폭로하고 제거하는 데 목적을 두고 있다.

광고의 성차별, 성 상품화

광고와 여성의 관계를 논의하기 위해서는 먼저 성(性)에 대한 간단한 언급이 있어야겠다. 광고와 여성의 관계는 단순히 여성을 차별한다거나 여성에 대한 증오(*misogyny*) 로만 이루어지는 것이 아니다. 성 자체를 상업화하고, 그 상업화하는 과정에서 여성을 상품화하는, 그래서 여성을 교환의 대상으로, 구매의 대상으로 환원시키는 일도 포함된다. 교환과 구매의 대상으로 여성 존재를 반복 인식하다 보면 결국 여성은 남성적 욕망의 대상, 객체로 머물며 그 어떤 주체적 사고나 행위를 하지 못하는 존재로 받아들이게 된다. 광고와 여성의 관계는 이처럼 자본주의 사회의 구조적 한계와 관계가 있기 때문에 자본주의에서 갖는 성의 의미에 대한 언급이 필요하다.

한글 사전을 찾으면 '성'(性) 이란 용어에는 조금씩 다른 세 가지 의미가 따른다. 페미니즘 비평은 매스컴 내용이나 광고 내용을 비평할 때 그 세 가지 의미를 모두 포괄해낸다. 그 첫째로 성차(性差, *gender*) 와 관련된 성이 있다. 성차는 태어나면서부터 정해진 차이가 아닌 사회적으로 규정된 차이다. 여성은 경쟁보다는 인간관계를 더 중시한다든지, 공적인 일보다는 사적인 일에 더 관심을 갖는 경향이 있다고 말해진다. 그 경향은 사회화 과정에서 비롯된 것들이다. 하지만 이와 같은 성차조차도 광고 등은 태어나면서부터 생긴 것으로 처리하려 한다. 원래 그런 것으로 파악하는 것이다. 남성은 세계무대에서 적극적으로 비즈니스를 행하고, 여성은 가정에서 살림살이를 챙김을 자연스럽게 재현하는 광고가 성차를 활용하는 경우라 하겠다. 사회적으로 생긴 성차를 자연스러운 섭리인 것처럼 말하는 것은 분명 성차별일 수밖에 없다. 페미니즘 비평은 광고가 성차를 자연스러운 것으로 꾸려내고 있음에 주목하고 그것이 자연스러운 것이 아니라 사실은 사회가 여성, 남성을 그렇게 사회화한 결과임을 드러낸다.

두 번째 성(*sex*) 은 성과 관련된 행위, 행동, 결과 등을 의미한다. 성차와는 달리 성은 생득적인 것이다. 여성과 남성은 서로 다른 생식기를 지니고 있으며, 육체적 역능에서도 차이를 드러낸다. 하지만 이것은 서로 다름의 문제일 뿐 우열의 문제로 환원될 것은 아니다. 여성의 성은 남성의 성에 의해 충족되는 수동적 위치에 놓이고, 그를 충족시키는 남성을 능동적 지위에 올려놓는 등의 문제가 성과 대중매체 간 관계에서 논의된다. 생물학적 차이가 사회적 차이로 전환되는 것이 문제가 된다. 남성은 항상 성적으로 능동적이고, 여성은 수동적이라는 식의 오류적 인식을 말한다.

세 번째 성(*sexuality*)은 조금 복잡한 논의를 필요로 한다.[2] 이때 성은 성 정체성과 관련된다. 동성애와 이성애, 여성이 바라보는 여성의 몸, 남성이 바라보는 여성의 몸, 성적인 욕망 등이 이에 포함된다. 대중매체와 이 세 번째 성에 대한 논의는 이성애나 동성애가 광고에 의해 어떻게 다루어지고 있으며 여성의 성에 대한 욕망, 성에 대한 표현 등은 어떻게 재현되고 있는지를 중심으로 이루어진다.

성이라는 단어를 놓고 이처럼 세 가지 분류를 할 수 있지만 분류는 작위적인 것일 뿐 서로 높은 연관성을 가진다. 그 연관성은 광고가 성을 활용하고, 생산해내는 과정에 대한 구체적인 예를 통해서 잘 알 수 있다. 광고는 우선 성차별적인 내용을

2 김수기 외(1994), 《섹스, 포르노, 에로티시즘: 쾌락의 악몽을 넘어서》, 현실문화연구.

〈광고 5-1〉 싸이언에 등장한 강동원

꾸준히 담아낸다. 여성을 남성보다 사회적 능력이 떨어지는 존재로 그려 내거나 가사일 등과 같은 사적인 영역에만 위치짓는 일은 광고내용에서 쉽게 찾아낼 수 있다. 여성을 사적인 공간에다 묶다 보니 사회와는 동떨어진 요청을 여성에 갖다 붙인다. 여성은 자연스럽고, 순수하고, 연약하고, 청순할수록 더욱 가치가 있는 것으로 그려지고 때로는 상품에 그러한 이미지가 전이되도록 배치한다. 그에 비해 남성은 공적인 영역에서 활동하는 씩씩하고, 박력 있고, 기계 친화적인 존재로 그려진다. 싸이언과 애니콜의 광고를 비교해보면 그 차이가 뚜렷이 나타난다(〈광고 5-1, 5-2〉).

비슷한 내용을 전달하려 하지만 남성은 일을 드러내는 시계, 넥타이, 그리고 배경의 빌딩과 같이 등장하지만 여성은 편

비슷한 메시지를 담아도 남성은 시계, 넥타이, 도심 공간 등의 소품과 함께 공적인 영역에서 활동하는 씩씩하고 박력 있고 기계 친화적인 존재로 그려지는 반면, 여성은 사적 공간과 순진무구함을 전달하려 한다.

〈광고 5-2〉 애니콜에 등장한 이효리

한 옷, 눈을 감은 웃음을 통해 사적 공간과 순진무구함을 전달하려 한다. 여성이 회사 내에 위치하더라도 여전히 웃음으로 회사 분위기를 조성하고, 가사일과 유사한 커피 심부름을 해야 한다는 생각이 이와도 겹쳐지지 않을까. 그렇다면 광고는 사회 내 지배적인 경향성을 꾸준히 전달하며 지속되도록 재생산하는 역할을 한다는 혐의에서 크게 벗어나지 못한다. 남성중심적인 사고를 바탕으로 여성을 재현해내고 그것이 가부장제의 재생산이라는 사회적 효과를 낳게 된다.

이와 같은 광고의 성차 재현은 성을 상품화하는 것과도 연관된다. 성을 상품화한다는 것은 성을 대상화시키고, 숭배토록 하고, 그것이 세상에서 엄청난 가치를 가진 것인 양 만들고, 그것을 구매토록 하는 일을 의미한다. 이러한 성의 상품화는 크게 두 가지 방식으로 이루어지는데 그 첫 번째는 남녀간 만남, 결합을 상품화하는 것이다. 이 방식에서는 성을 에로티카로 변형해낸다. 즉, 성을 둘러싼 남녀간의 욕망 차이를 서로의 동등한 조건에서의 합의에 의한 성인 것처럼 만들어 낸다. 예를 들면 남성과 여성은 항상 로맨스를 원하고 그 로맨스의 끝은 성적 결합으로 이루어지는데 그 결합은 마치 동등한 조건에서 합의에 의해 이루어지는 것인 양 재현되는 것이다. 하지만 실제로 광고는 재현을 통해서 성에 관한 한 적극적인 남성, 수동적이고 따르는 여성을 만들어 내고 있다. 성의 상품화는 결국 위에서 설명한 성차와도 연관되는 셈이다. 여성의 몸을 에로틱하게 처리하고, 에로틱하게 조성된 여성을 남성의 시선으로 보도록 만든 광고는 성차 재현과 성 상품화가 동시에 이루어지는 좋은 예다.

두 번째 상품화 방식은 여성을 대상화시키는 작업이다(〈광고 5-3〉). 성을 둘러싼 재현에서 여성은 항상 성적 호기심을 자극하는 도구적 대상으로 이용된다.[3] 여성의 육체는 남성의 시선에 의해 훑어지는 대상으로 전락한다. 이러한 여성 재현을 상품화라고 부르는 이유는 광고의 경제적 이득과 재현방식이 결코 무관하지 않기 때문이다. 여성을 대상화하고 객체화시킨 내용으로 광고는 대중의 시선을 끌고 자신의 내용을 팔아

3 김덕자(편) (1995), 《광고와 에로티시즘》, 미진사.

〈광고 5-3〉
핸드폰 광고 속
여성모델

(접촉빈도를 높여) 구매로 이어지게 하고 궁극적으로 경제적 이윤을 취하는 것이다.

또 다른 한편으로 자본주의 가부장제는 사랑이나 성을 항상 이성애 중심으로 엮어낸다. 즉, 이성애를 사회 내 주도적 규범으로 만듦으로써 동성애를 죄악시하고 변방으로 밀어낸다. 이성애를 주도적 규범으로 만드는 사안은 결코 중립적이지 않다. 동성애가 사회적으로 탄압을 받고, 주변으로 밀리는 한 그것은 권력의 행사이기 때문이다. 동성애를 에이즈와 연관시키고, 동성애자를 병균시하는 일, 동성애자를 희화화하는 일 등은 권력행사의 결과다. 그 결과 동성애자를 사회적으로 소외시키고, 심지어는 범죄시하기까지에 이른다. 그렇다면 누가 그 권력의 중심인가? 다름 아닌 남녀를 차별하는 가부장제다. 가부장제는 끊임없이 이성애를 남녀간의 사랑을 기반으로 하는 가정형성의 중심요소로 설정해낸다. 이성애의 정상성을 강조하는 가장 효율적인 전술은 동성애를 비정상으로 규정하는 일이다. 동성애를 비정상적 영역, 일탈적 영역, 범죄의 영역으로 밀어넣는 권력행사를 통해 현재 주도적인 가부장제적 이성애를 보호 장려한다. 그리고 궁극적으로는 가부장제의 재생산으로까지 이어지게 한다.

이처럼 광고와 여성을 논하는 페미니즘 광고비평은 성(性)이라는 테제를 중심으로 엮어내는 매우 복잡한 사안이다. 여성이 잘못 재현되었다, 아니다를 넘어서는 보다 복잡한 문제이며 그 근원에는 자본주의와 가부장제라는 매우 장중한 사회문제를 건드리는 셈이다. 그 장중하고 복잡한 문제를 제대로 해석하기 위해서는 성(性)이란 단어가 지닌 세 개의 함의를 개별적으로 파악한 뒤, 그들간의 연관성을 추적하고 최종적으로는 사회 구성방식과 연관지을 수밖에 없다.[4]

구체적인 페미니즘 비평의 예

인류학자인 어빙 고프만은 1970년대 미국 대중잡지에 실린 광고 속 여성재현을 분석했다.[5] 광고분석을 통해 고프만은 여성

---

4 기호학적인 비평에 국한되어 있긴 하지만 구체적인 페미니즘 광고비평을 정리한 부분을 담고 있는 책으로는 다음 책이 있다. 김영찬 외(2004), 《광고비평의 이해》, 한울아카데미.

5 E. Goffman(1976), *Gender Advertisement*, New York: Harper

신체 재현에 초점을 맞추었다. 그는 우선 광고에 등장한 여성 모델들의 눈, 시선에 대해 언급했다. 남성모델의 눈, 시선은 강한 눈빛이나 뚫어지게 바라보는 응시(*gaze*)와 관련되어 있었다고 한다. 하지만 여성들의 눈, 시선은 초점을 지니고 있지 않았다. 무엇을 보는 눈이 아닌, 자신이 보여지고 있음을 의식한 '초점 없는' 눈이거나 보지 않는 눈이었다. 여성모델의 시선이 정면을 향하지 않고, 시선을 떨어뜨리는 장면을 광고에서 많이 찾을 수 있었다고 한다.

고프만은 광고에 등장한 모델의 손에 대해서도 주목했다. 남성모델의 손은 일을 행하고 있었다. 망치를 쥔 손, 여성의 손을 움켜잡은 손, 정원을 가꾸는 손 등 역할을 가진 손이었던 셈이다. 그에 비해 여성모델의 손은 감각적 기능을 하고 있었다. 자신의 손을 쓰다듬는다든지, 광고하는 상품을 쓰다듬는 등의 역할을 해내고 있었다. 무엇을 움켜쥐고 일을 해 생산하는 것이 아니라 감각적으로 쓰다듬고, 만지며 느낌을 전달하는 것에 그치고 있었다. 고프만을 이를 두고 남성의 손은 잡는(*to grasp*) 손, 여성의 손은 만지는(*to touch*) 손이라고 평가했다.

고프만의 비평 중 가장 많이 언급된 부분은 여성모델의 자세와 관련된 부분이다. 여성모델들의 자세는 남성모델의 그것에 비하면 다양한 형태로 비직립적인 자세를 유지하고 있었다.

Colophon Books.

〈광고 5-4〉
핸드폰 광고

구부린 자세, 누운 자세, 남성에 기댄 자세, 사물에 의탁한 자세 등이 많았다고 한다. 남성모델의 경우 직립자세를 통해 권위와 위엄을 강조한 데 비해, 여성모델은 몸을 구부려 성적 매력을 강조하거나 남성모델에 기댄 의존성을 강조하고 있었다. 광고상품 뒤에 숨는 장면도 자주 연출하고 있었다. 냉장고 광고에서 여성모델이 냉장고 뒤에서 구부린 채 상체만 비쭉 내미는 모습 등은 한국 광고에서 자주 찾을 수 있다. 광고 속에 등장하는 아이들의 모습에서도 남녀 구분은 반복되고 있었다. 여학생 모델들은 남학생 모델에 비해 직립적 자세를 덜 취하고 있었다. 뿐만 아니라 여학생 모델들은 마치 유아 혹은 어린이와 같은 자세를 취하고 있기도 했다(〈광고 5-4〉에서도 그런 점을 느낄 수 있다).

이외에도 여성모델의 웃음 등에 대한 분석이 있었다. 여성모델의 경우 어린이들과 유사한 웃음을 보이고 있었다는 지적이다. 즉, 천진난만한 모습이거나 귀여운 모습을 강조하는 연출을 하고 있었다는 것이다. 고프만의 분석은 1970년대 미국 잡지에 실린 광고를 대상으로 하고 있지만 30여 년이 지난 지금의 잡지광고를 분석해도 그와 크게 다를 것 같지는 않다.[6] 여성을 성적으로 요부이거나 아니면 성스러운 존재로 만들어내는 광고를 찾기란 쉬운 일이며, 고프만의 분석에서처럼 등장하는 남성모델, 여성모델의 자세, 동작 등은 너무나 자연스러운 일처럼 받아들이고 있다. 과거보다 달라진 점이 있다면 광고가 훨씬 더 자극적이고, 성적으로 개방적이어서 더 많은 분석틀을 동원해야 풀 수 있다는 점일 것이다. 엄격하고 정교하게 결과를 해석해보면 그 결과는 늘 마찬가지다. 가부장제의 뿌리는 그만큼 깊은 셈이다.

페미니즘 비평, 일상적 실천부터 실현

여성학자들, 권력에 대해 관심을 가진 사람들은 광고 속 성의 왜곡처방에 대해 많은 제안을 했다. 그들은 운동조직을 만들기도 하고, 조직을 통해 공식적으로 가부장제적 제작 주체에 항의하기도 했다. 때로는 사회를 대상으로 의식전환 운동을

---

6 고프만의 분석을 다음 책과 비교하는 것도 재미있는 작업이 될 수 있겠다. 이희복(2007), 《광고로 읽는 여성: 1930년대 잡지 광고에 비친 여성의 모습》, 한경사.

펼치기도 했다. 그 어느 쪽이든 그러한 움직임은 여전히 지속되고 있으며 앞으로도 더 거세질 전망이다. 광고를 포함한 대중매체에서는 이러한 움직임을 간파하고 스스로 자신들의 성 재현 노력을 바꾸어 가기도 한다. 때로는 진보적인 모습을 보여 상업적 이득을 취하기도 한다. 최근의 동성애 광고, 공격적 여성광고, 남성 벗기기 광고 등의 등장이 바로 그 예들이다.

하지만 광고계의 변화 또한 페미니즘 광고비평의 눈으로 보면 '구린' 구석이 많다. 여성이 주요 소비자로 등장한 자본주의 사회에서 여성을 인격체로 대하기보다 여전히 소비자로 대하면서 여성의 지위를 상승시켜 주는 것처럼 보이게 하는 립 서비스 전략이라고 일축하기도 한다.[7] 광고를 만드는 입장에서는 "그러면 도대체 어떻게 하란 말이냐"라고 반문할 수도 있다. 그 반문에는 이렇게 소극적으로 대답할 수 있을 것이다. 여성의 모습을 변화시켜주는 시도는 여전히 소수에 불과하다. 주도적인 제작방식은 여전히 가부장제라는 구태를 벗어나지 못하고 있다. 그런데 몇몇의 실험적 혹은 전략적 광고를 들고 와서 이제 바뀌었다고 말하기에는 문제가 있지 않을까.

성과 여성에 대한 태도를 대중매체 스스로가 바꾸어 주는 것이 가장 좋은 길이겠지만 그러한 태도변화는 매스컴의 존재 이

7 제임스 트위첼(2001), 《욕망, 광고, 소비의 문화사》, 김철호 역, 청년사.

유를 부정하는 꼴이 되니 쉽지가 않다. 자본의 영향력 바깥에 있는 재현매체들이 해내야 하는 몫이 많아지는 것도 그 이유다. 여성들에 의한 개인, 집단창작 등을 통해서 진보적인 여성 재현이 활발해지고 새로운 재현에 수용자들이 익숙해질 때 전혀 새로운 변화의 바람은 불게 된다.

지금까지의 문화적 관습 탓에 여성에 대한 진보적 재현은 언제나 낯설게 느껴질 수밖에 없다. 광고를 비롯한 매스컴이 그 낯설음을 제거하기를 기다릴 수는 없다. 광고는 결코 그런 일을 해낼 수도 없고 하려고 하지도 않을 것이다. 그렇다면 당연히 그 몫은 자본의 바깥인 우리의 일상에서 벌어져야 한다. 학교, 교회, 가정 등과 같은 공적, 사적 공동체에서 그런 작업들이 벌어져야 한다. 광고의 내용을 바꾸는 일은 광고의 외곽을 때리면서 광고도 때리는 동시적인 작업이어야 한다. 그것이야말로 민주주의라는 이름을 실천하는 참된 작업이다. 일상생활을 영위해가는 동료를 소외시켜 놓고 인류애를 말하고, 사랑을 이야기하고, 민주주의를 이야기한다면 그만큼 우스운 일이 어디 있을까.

6

사회학적 비평

사회를 반영하는 광고 사회를 이끌어가는 광고

1995년 어느 날, 영국 런던의 한 극장의 스크린에는 총을 든 여인과 흩뿌려진 피가 낭자한 가운데 총알로 벌집이 된 시체들이 나뒹구는 모습이 비쳐지고 있었다. 이것은 영화의 한 장면이 아니었다. 서부영화의 한 장면도 아니었고, 올리버 스톤 감독이 제작한 〈타고난 살인자〉(Natural Born Killer)의 한 장면도 역시 아니었다. 이것은 바로 광고의 한 장면이었다. 영국의 세계적인 광고대행사 싸치 앤 싸치(Saatchi & Saatchi)가 젊은이들을 타깃으로 하는 패션잡지 〈말하지 마〉(*Don't tell it*)의 프로모션을 위해 제작한 광고였던 것이다. 영국의 세계적인 광고대행사가 냉소적이고 반항적인 X세대를 겨냥해 제작한 광고인데, 1990년대의 영국 광고계의 흐름을 알 수 있다.

영국 광고계뿐만 아니라 다른 나라에서도 폭력장면이 삽입된 광고들로 인해 논란이 많이 일어나고는 한다. 이런 논란이 있을 때마다, 사회 일각에서는 이런 광고들이 젊은 소비자들의 반사회적 행동을 조장할 수 있다고 경고한다. 우리는 광고를 사회학적으로 분석하고 비평하려고 할 때, 몇 가지 의문스러운 이슈를 다음과 같이 제기해야 한다.

1. 광고가 사회적 일탈(*deviation*) 행위를 조장하는가?
2. 사회이슈 고발광고가 사회적 병리를 치유하는 데 도움이 되는가, 혹은 조장하는가?
3. 광고가 라이프스타일(*life-style*)의 변화를 주도하는가, 혹은 추종하는가?
4. 위해광고(위험성 조장광고)가 실제로 위험을 조장하는가?
5. 유행어 창출광고가 사회에 긍정적 영향을 미치는가?
6. 섹스어필 광고가 건전한 성문화에 악영향을 주는가?
7. 광고가 물질만능주의를 조장하는가?

광고와 사회적 일탈행위(deviated behavior)

광고와 사회적 일탈행위 조장과의 상관관계는 쉽게 규명할 수 없지만, 사회변화에 민감한 반응을 보이는 광고주들, 혹은 사회변화 추구를 통해 폭발적 판촉효과를 얻고자 하는 광고주들이 사회적 일탈행위를 가져올 수도 있는 광고를 서슴지 않고 게재할 때 문제가 될 수 있다. 요즘 광고 중에 자아정체성

〈광고 6-1〉

〈광고 6-2〉

(*self-identity*) 광고 — 일명 자아발견 유도광고 — 가 많이 눈에 띈다. 자아정체성 광고란 소비자로 하여금 자아발견 및 확립 의식을 통해 제품구매로 자연스럽게 이어지게 만드는 광고로 해석해 볼 수 있다.

그러나 광고 메시지가 자아발견을 무리하게 유도한다든지 지극히 상업적인 목적 아래 개인주의 조장, 대중사회에 대한 혐오감 혹은 공동체의식의 파괴 등을 조장하는 내용을 담는다면 그것은 사회 일탈행위 조장에 대한 혐의를 갖게 된다. 사회화(*socialization*)라는 카테고리를 벗어나 사회규범을 망가뜨리는 내용이 있거나 함축돼 있다면 그것은 건전한 시민사회 건설에 해가 된다. 예를 들면, 2000년에 게재된 광고 중에 당시 한국통신프리텔 016광고가 그런 혐의를 갖는다. 신문에 게재된 첫 번째 전면광고를 보면, "아버지 나는 누구예요. 나는 뭐냐구요? 나는 … 나를 가장 잘 아는 건 나. 나를 가장 사랑하는 것도 나. 나에겐 나가 있다. 나만의 세상이 있다. 그 안에서 나는 주인공이다. 나는 공짜다. 세상을 다 갖고 싶다구? 그렇다면 먼저 나를 갖는 거야. … . 세상을 다 가져라! 나만의 016 NA"라는 카피가 적혀 있다(광고 〈6-1〉, 〈광고 6-2〉 참조).

물론 이것은 "NA"라는 새 브랜드를 인지시키기 위해서 나온 광고전략이다. "NA"라는 브랜드가 "나"라는 발음이 나니까 "나"라는 용어를 많이 사용하려 했다. 하지만 카피의 내용은 자아발견 및 확립보다 사회적 일탈을 조장하는 내용("나만의 세상이 있다. … 세상을 다 가져라" 등)과 개인주의 조장의 혐의가 매우 강하게 나타난다. 두 번째 광고도 마찬가지다. "너 내가 누군지 알어? 니가 나에 대해 뭘 알어, 응? 응? … 나보다 더 나를 잘 아는 건 없다. 나보다 더 나를 사랑하는 것도 없다. 나만 있으면 나는 행복하다. 나는 공짜다. 세상을 다 갖고 싶어서 나는 나를 갖는다"는 카피도 역시 "NA"라는 브랜드를 인지시키는 것 이상으로 개인주의 극대화를 통한 사회적 일탈을 조장하고 있다고 판단된다. 젊은 소비자들을 그렇게까지 몰고 가야하는지 잘 이해되지 않는다.

특히 "NA"라는 브랜드를 만든 의도가 더욱 사회일탈을 조장하려 했다는 의심을 들게 한다. 이런 광고를 미셸 페쇠(Michel Pecheux)의 분류방법에 의해 분석해보면, 긍정적 자아발견으로의 유도를 통한 동일시(*identification*) 주체의식의 확립을 꾀하기보다 소비자로 하여금 사회격리, 개인고립 같은 의식을 고취함으로써 사회적 일탈행위를 조장하고 독립적 개체화(쉽게 표현해, 남보다 튀게 살도록 만드는 것)를 유도하는 역동일시(*counter-identification*) 현상을 초래할 수 있다.

다음으로는 포스트모더니즘(*post-modernism*) 광고들도 사회적 일탈행위를 조장할 수 있다. 포스트모더니즘 광고란 기존질서와 룰(*rule*)을 무시하는 초현실주의적인 표현방식을 사용한 광고를 말한다. 기존질서를 무시하는 전위적(*avant-garde*) 형태를 표현하는 문화적 경향이 1960년대 후반부터 모든 분야의 예술사조에 나타나기 시작했는데 광고도 예외는 아니었다. 포스트모더니즘 광고에는 현실과 허구의 세계가 공존하고, 비합리성과 반형식성이 존재하며, 논리적 서술구조가 파괴되어 있다. 포스트모더니즘은 기존의 정상적 사회구조에 대한 반동적 저항으로 해석될 수 있는 사조이다.

요즘 광고 중에 어떤 광고에는 사람의 얼굴이 있어야 할 자리에 모자와 정수리 부위가 차지하고 있고, 어두운 표정의 모델 머리 위에 원뿔이 놓여 있다. 그리고 카피도 "vitamins: that's the way my thought goes. nothing needs to be

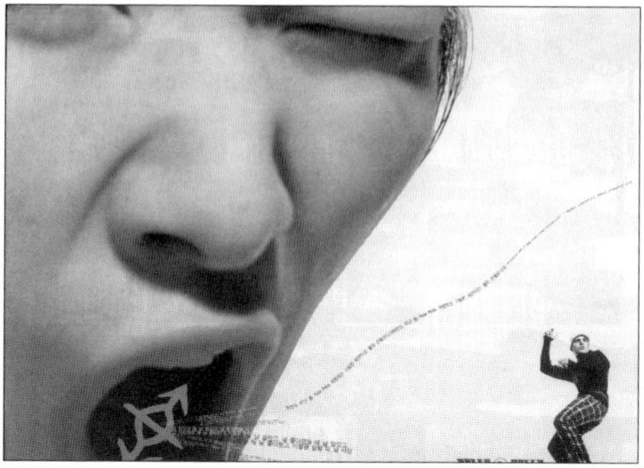

〈광고 6-3〉

accumulated …"라고 구성돼 있다. 광고의 내용과 카피에는 기성세대와 기존질서에 반대하는 반사회적인 충동을 자극하려는 혐의가 짙게 깔려 있다. 광고주가 젊은 소비자들을 반사회적 경향을 추구하는 존재로만 인식하고 있다는 느낌이 든다.

펠레펠레 광고도 반사회적 충동을 조장하려는 혐의를 갖고 있다. 유아 우유병 속에 이상한 것을 집어넣었으며 사람의 입에서 나온 카피는 "죽인다. 97년 봄. Pelle Pelle. 이벤트는 기발한 세균이다. 빨리 전염되니까 죽인다. …"라고 되어있다(〈광고 6-3〉 참조). 이런 식의 광고표현과 카피는 젊은이들에게 사회일탈을 부추기는 반사회적 광고라는 비난을 면하기 어렵다. 프랑스 철학자 알랭 핑켈크로트는 〈사유의 패배〉라는 책에서, "록(*rock*) 음악이 모차르트를 대신하고, 광고문구가 시(詩)를 대신하는 사회에서 미디어 수용자는 산만한 주의력

〈광고 6-4〉

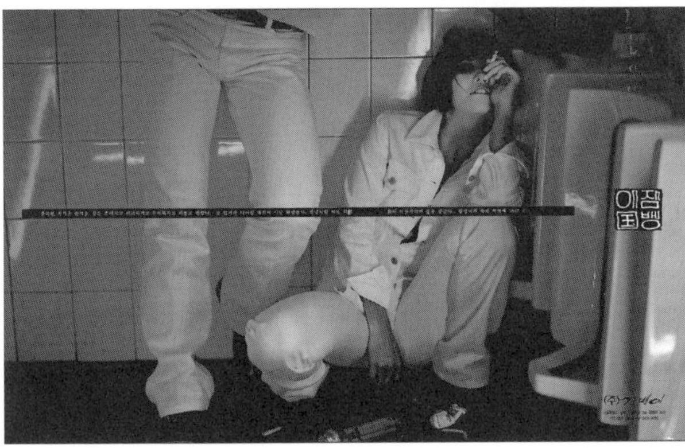

〈광고 6-5〉

〈광고 6-6〉

으로 소비문화를 형성한다"고 경고하고 있다.

사회이슈 고발광고와 사회병리 치유

사회이슈 고발광고는 매우 사회적으로 매우 중요하고 논란이 여지가 많은(*controversial*) 이슈를 가지고 고발형태 혹은 패러디(*parody*) 형태로 꾸민 광고를 말한다. 그 대표적인 예가 (주) 잠뱅이의 1997년도 광고 캠페인이다. 이 캠페인은 젊은이들의 낙태문제, 청소년들의 본드나 부탄가스 흡입문제 및 인스턴트(*instant*) 문화 등을 문제삼고 고발하기 위해 창작되었다고 제작진은 밝히고 있다. 하지만 이 광고들은 한국광고자율심의기구로부터 광고게재 중지명령을 받았다. 왜 그랬을까? 그것은 광고들이 인쇄광고라 할지라도 지면영상 자체가 충격적일 뿐만 아니라 긍정적 반면교사의 효과보다 부정적 학습효과가 크다고 판단되었기 때문이다. 일단 사진내용이 혐오감을 줄 수 있고 청소년의 모방심리를 조장할 수 있기에 심의기구는 중지명령을 내린 것이다(광고 〈6-4~6-6〉 참조).

사회이슈 고발광고의 한계는 소비자의 모방심리에서 온다. 소비자는 잘못된 것을 지적해주는 메시지를 보면 긍정적으로 학습해야 할 텐데, 오히려 나쁜 점을 옳다고 판단하며 그것을 모방하려는, 자아 속에 감춰진 "현실-이상 동일시 욕구"를 점화시킨다(*ignite effect*). 실제로 영화를 보고 모방범죄를 저지른 사례가 여러 번 있었다(영화 〈보스〉와 〈주유소 습격사건〉 등의 경우). 이와 같이 사회이슈 고발광고는 그 제작의도와는 달리 사회병리를 치유하는 데 도움이 되기보다 조장하는 쪽으로 평가되기 쉽기 때문에 광고 창작자들은 조심할 필요가 있다. 하지만 SK텔레콤의 학교폭력추방 캠페인같이 사회병리 치료에 대한 대안을 제시하는 방식의 광고는 긍정적 평가를 받을 수 있었다.

광고와 라이프스타일(life-style)의 변화

현대 소비자들은 하루에도 수많은 광고에 노출되면서 광고의 영향력 속에 놓여 있다. 과연 광고는 소비자들의 라이프스타일을 변화시키는가? 그러한 변화는 대규모 사회변동(*social change*)을 가져오는가? 아니면 변화된 라이프스타일을 쫓아가기에 급급한가? 변화되는 과정 속에 있는 사회적 행태를 반영하는 것인가? 물론 한쪽만 맞을 수도 있고, 두 측면이 다 옳을 수도 있다. 소비자들에게 있어서의 약간의 변화가 광고 창작자들에 캐치(*catch*)되면 크리에이터들은 그 변화를 예술적으로 혹은 설득적으로 묘사하게 되고 그 광고에 노출된 소비자들은 감동과 재미를 느낀다.

재미를 만끽하려는 소비자들은 구전(*words-of-mouth*)을 통해 친지들에게 그 광고내용 내지는 몇 마디 카피를 전파하게 됨으로써 광고효과는 증폭되고 사회전반에 그 내용이 확산되는 결과를 가져오게 된다. 우리 사회의 미덕 가운데 하나는 "일편단

심 민들레" 식의 사랑방법이다. 이성을 만나 마음에 들면 지속적으로 사랑하는 것이 우리의 미덕이다. 그러나 한솔 엠닷컴의 광고 가운데, "상관하지 말라고. 내가 니 꺼야? 난 누구에게도 갈 수 있어"라는 카피는 현대의 이성교제 방식의 변화를 보여준 바 있었다.

빈번한 파트너 바꾸기 위주의 이성교제 방식을 보여주는 사회변화가 광고계에 감지되고 이것이 광고로 표현되고 인기를 끌게 됨으로써, 파트너를 쉽게 바꾸는 행태는 더욱 확산될 것이다. 왜냐하면 광고는 파트너 바꾸기 행태에 사회적으로 묵시적 동의와 명분을 주었기 때문이다. 광고는 사회변화를 주도하기보다 시작된 사회변화에 촉진제 역할을 함으로써 변화의 사회확산에 지대한 영향을 미친다고 보아야 한다. 특히 히트한 광고카피는 TV의 오락 프로그램에서 연예인들이 반복 사용함으로써 사회변화에 더욱 기여한다. 이제, 파트너를 자주 바꾸는 젊은이는 바람둥이로 묘사되지 않고 능력 있는 자로 인정되는 것이다.

삼성전자의 컬러프린터 '마이젯' CF는 프린터를 팔고 있는 것이 아니라 모델의 테크노댄스를 팔고 있었던 셈이다. 그만큼 모델의 춤이 소비자들의 입에 오르내리고 있다. 이 광고에 사용된 〈Get up going saint〉라는 테크노 음악은 더욱 인기를 끈 바 있었다. 카스맥주의 광고에서도 남자모델이 DDR기계에서 테크노 춤을 추었다. 광고계가 우리 사회에 테크노댄스를 도입하지는 않았겠지만 그 댄스의 확산에는 크게 기여하는 셈이다. 외래어 확산에도 마찬가지 논리가 적용된다. 특히 어린이 제품에 외래어로 된 브랜드 이름을 사용하고 그것을 광고할 때, 아이들은 은연중에 외래어를 습득하고 자연스럽게 느끼게 된다. 오래 전, 서울YMCA 시청자시민운동본부가 방송3사의 어린이 CF를 조사한 바로는 전체 232개 중 59%인 137개가 외래어 사용광고였다. 외래어 과다사용은 어린이들에게 사행심 조장, 서구문화 지향 및 맹종 현상을 가져오게 할 수 있다. 세계화의 진정한 시작은 외래어의 과다사용에 있지 않으며, 외래문화에 대한 올바른 이해로부터 출발해야 한다. 서구문화 가운데 한국 사회에 필요한 부분을 선별해서 수용하는 지혜가 중요하며, 불필요한 부분이 광고에 의해서 신속히 확산되는 것을 막아야 한다.

위해광고(위험성조장광고)의 실제적 위험성

보통 TV-CM 중 자동차 광고들이 위해성을 많이 내포하고 있다. 2000년에 방송된 TV-CM 중 라노스2 광고를 보면 남자모델의 자동차 핸들워킹(*handle-working*)에 매혹되면서도 한편으로는 혹시 위험하지 않을까 하는 의구심을 갖게 된다. "퍼펙트 튜닝"(*perfect tuning*)이라는 차의 특수기능을 강조하기 위해 핸들을 마구 돌려 모래사장 위에서 자동차 바퀴자국으로 "사랑해"라는 글자를 새기는 장면을 보면서 우리는 광고의 위해성을 염두에 두게 된다. 실제로 그것을 모방하는 소비자가 몇 명이나 될까?

그러나 적은 수라도 그런 위험한 행위(차가 전복될 수도 있음)를 모방하게 만드는 위력이 광고에 있기 때문에 2000년 재정경제부의 소비자정책심의위원회는 위해광고 기준을 만들었다. 표현의 자유 그리고 상업적 표현의 한계가 광고에 공존하고 있다. 하지만 예술적 및 영상적 크리에이티브가 사회적 위험성을 내포하는 한 제재를 받는 것은 당연하다. 기업의 이윤보다 앞서는 것은 소비자의 이익과 안전이다. 이것은 사회주의적 발상에서 발원된 아이디어가 아니라 소비자 제일주의(*consumerism*)에서 기업의 존재가치를 찾으려는 사회공동체적인 사고방식이다.

유행어 창출광고의 사회적 영향력

유행어가 광고에 의해 창출될 때, 그것은 사회에 긍정적 영향을 끼치는가 아니면 부정적 영향을 끼치는가? 결론부터 말하면, 좋은 내용의 유행어는 긍정적 영향을 줄 것이고, 내용이 저속한 유행어는 부정적 영향을 초래할 것이다. 하지만 저속한 유행어를 동반한 광고라도 일단 유행하기만 한다면 판매촉진효과를 수반할 것이다. 일단 카피가 유행한다면, 사회구성원의 언어생활은 저속해지더라도 광고에 의한 판촉효과는 높아질 것이 분명하다.

대략 1970년대 중반, 라면시장에 파문이 일기 시작했다. 삼양라면이 판치는 세상에 농심라면이 등장하면서 "형님먼저 아우먼저"라는 유행어를 선보였는데, 이 말이 무섭게 인구에 회자되기 시작하였다. 라면의 질을 강조한 광고가 아니라 라면문화를 8음절로 표현한 광고 슬로건이 슬슬 시장점유율을 바꾸더니 농심라면이 70% 이상의 점유율을 차지해 버렸다. 이 유행어는 내용 면에서도 우수한 것이었기에 지금까지도 인구에 회자된다. "잘 자, 내 꿈 꿔"라는 PCS 016 광고의 카피도 히트했다. 1999년 말 첫 선을 보인 이 광고카피는 연인들에게 폭발적 인기를 끌게 되자 2개월 동안 25억 원을 쏟아 부었다. 하루에 최고 20번까지 노출되기도 하였고, 나중에는 〈허준〉 같은 사극 드라마에 인용되기도 하였다. 이렇게 긍정적 영향을 미치는 유행어도 있지만 오래전에 나왔던 "왕입니다요", "짱이야" 등의 광고 유행어는 청소년들의 언어생활에 그다지 좋은 영향을 주지 못했다고 판단된다.

섹스어필 광고와 성(性)문화

1991년 당시 공보처의 조사자료에 의하면 잡지광고 1만 5천 건 가운데 8.7%인 1천 3백 건이 섹스어필(*sex appeal*) 광고로 분류되었으며, 그 중 34%가 상품과 무관하게 소비자의 단순한 시선집중을 위한 광고였고, 31%는 남녀간의 성관계를 암시하는 선정적 표현의 광고였으며 모델 신체부위의 과잉노출 광고도

25%나 되었다. 현행 법규상 과다한 성표현 광고는 형법, 미성년자보호법, 아동복지법 등에 의해 규제받을 수 있다. 그런데 섹스어필 광고가 페티시즘(*petishism*)이나 스토킹(*stocking*) 같은 사회병리현상과 상관관계가 있는 것일까?

전혀 관계없는 것은 아니겠지만 많은 상관성을 갖고 있다고는 볼 수 없겠다. 오히려 광고보다 섹스영화가 더 깊은 연관성을 갖고 있을 것이다. 하지만 자이언스(Zajonc)가 주장한 단순노출효과(*mere exposure effect*)처럼 광고노출의 누적효과를 생각해 볼 때, 성표현의 누적효과와 강렬성을 고려해 본다면 광고의 부정적 영향도 무시할 수 없을 것이다. 광고를 통해 과다한 성 표현에의 빈번한 노출은 수용자에게 섹스충동의 이상심리를 제공해 줄 수 있다. 그것은 건전한 성문화를 저해하게 되며 변태성욕 같은 사회적 병리와 변태성욕에 의한 아동살해 같은 사회적 중범죄를 가져올 수도 있다.

광고와 물질만능주의

광고는 하루 동안에도 수없이 많은 상품들을 소개하고 노출시키고 있고 소비자들은 그런 환경 속에서 많은 상품정보를 얻고 있다. 광고는 과연 소비자들에게 물질만능주의 같은 물질욕구를 과다하게 자극하는 것인가? 상품정보제공과 물욕자극과는 어떤 함수관계인가? 우리는 여기에 대한 해답을 내리기 전에 먼저 광고가 과다한 소비를 조장하는가 라는 의문을 제기하게 된다.

광고의 지향점은 판매촉진에 있기 때문에 소비조장에는 예스(*yes*)라고 답할 수 있지만 소비가 과다한지 적절한지에 대한 책임은 소비자에게 있다는 반론이 나올 수 있다. 하지만 막대한 수입을 약속하며 현대인의 일확천금 획득심리를 노리는 다단계판매 광고들은 문제라고 볼 수 있다. 복권광고도 마찬가지로 해석될 수 있고, 고급제품과 해외 수입브랜드의 과다광고도 사회 계층간에 위화감을 조성할 수 있다.

영국의 광고인 린다 그레이엄은 "광고란 항상 그것을 둘러싼 사회를 반영한다"고 주장하고 있다. 광고는 사회현상을 반영하고, 사회풍조를 확산시키며 유행을 주도할 수 있다. 광고의 사회적 기능이 긍정적으로 평가받기 위해서는 우리 모두의 진실한 노력이 필요하며, 광고의 사회적 역기능이 발견될 때는 적절히 수정 보완할 수 있는 제도적 장치가 필요할 것이다.

7

제도적 비평

더 나은 광고를 향한 대안적 비판정신

*

광고는 생활을 살찌우는 풍요의 제도인가? 혹은 대중사회를 유지하는 핵심적 제도인가? 일찍이 데이비드 포터(David Potter)가 광고를 '풍요의 제도'라고 했을 때 광고주나 광고회사 쪽에서 광고물을 생산하는 광고인들을 지칭하지는 않았으며, 그보다 광고가 사회 구성원에 미치는 영향력이나 광고의 사회 · 경제적 기능에 주목했다. 다시 말해서, 제도로서의 광고(*advertising*)와 제도 유지의 수단으로 작용하는 광고물(*advertisement*)을 개념적으로 구분하는 것이 포터의 생각이었다. 이런 생각에는 어떤 사회 구성체에서 종교제도에 인간의 영혼을 구제하는 기능을 부여하고 법률제도에 정의를 집행하는 기능을 부여해왔듯이, 광고제도에 풍요로운 사회를 만드는 기능이 있다는 뜻이 숨어있다.

더욱이 광고를 '대중사회의 핵심제도'로 본 메이슨 그리프(Mason Griff)는 소비대중사회에서 대중을 이끄는 강력한 수단으로 작용하는 광고의 제도적 영향력을 특히 강조함으로써 제도적 비평의 단서를 제공했다. 그가 보기에 광고는 정부나 종교 같은 사회제도의 일종으로 사회 구성체가 풍요로운 삶을 영위할 수 있도록 도와준다는 것이다. 모든 사회제도는 관습이자 합의이며 해결책의 성격을 갖는데, 광고는 이 모든 요소를 골고루 갖추고 있다.

개인들이 만들어가는 모든 사회제도는 필요하면 채택하고 불필요하면 버리는 자기충족의 도구이며 수단일 뿐이다. 광고는 처음부터 사회제도의 반열에 오른 것은 아니었으나, 소비대중사회에서 막강한 기능을 발휘함으로써 중요한 사회제도가 되었고 그 기능은 더욱 더 강화될 것이다. 완전 경쟁시장에서 광고는 시장에 정보를 제공한다. 광고는 경제적 재화와 서비스에 관한 정보를 제공하는 일차적 기능을 갖지만, 현대 소비대중사회에서 그 의미는 보다 포괄적이다.

제도적 비평은 광고와 사회의 관계 속에서 나무가 아닌 숲을 바라보는 입장을 취한다. 찰스 샌디지(Charles Sandage)에 의하면, 제도적 비평은 "우리를 일개의 벽돌공만이 아니라 건축가로도 만들어주며, 우리의 시각이 각 부분에 주어진 개개의 역할뿐만 아니라 전체 구조까지도 파악할 수 있게 해준다".[1] 모든 사회제도가 각각 자기변명의 여지를 만들어 놓듯이, 제도적 비평방법론 역시 다양한 광고비판에 대하여 방어함은 물론 합리적인 대안을 제시함으로써 광고제도를 옹호한다. 특정 국가나 지역의 광고에 대한 비판일지라도 더 나은 광고제도를 만들려는 관점을 유지할 따름이지 광고제도 자체를 부정하지는 않는다.

이 방법으로 광고제도를 분석할 때는 적극적인 광고 비판론자와 열정적인 광고 옹호론자 모두에게 경계의 고삐를 늦추지 않으며, 광고제도의 다양한 영역을 놓치면 안 된다는 다원주의적 관찰을 바탕으로 광고 수용자에게 보다 수준 높은 분석의 깊이를 제공한다. 다시 말해서, 제도적 광고비평 방법론을 통해 부분을 평가하는 동시에 전체를 아우르는 안목을 갖게 된다. 따라서 제도적 비평방법론은 지배권력에 봉사하는 광고의 부정적 작동방식에 주목하는 이데올로기 비평방법론과 가장 상반되는 입장이라고 할 수 있다.

현대 소비대중사회의 광고는 자본주의 리얼리즘의 성격을 띠고 있다. 제도적 비평방법론에서는 자본주의 리얼리즘을 구체화시키는 광고의 기능에도 섬세한 비평의 촉수를 드리우게 된다. 광고를 굳이 예술양식으로 본다면 기껏해야 상업예술일진대, 자본주의 리얼리즘을 구현하는 광고의 예술적 양식은

---

1 Charles Sandage, 리대룡 역(1994), "광고의 몇 가지 제도적 관점", 《광고와 사회》, 나남출판, 29~37쪽.

사회주의 리얼리즘과 비교될 때 그 성격이 더 분명해진다.

사회주의 리얼리즘이란 예술에 대한 국가의 공식적인 제재(심의) 규정인 동시에 국가에서 예술을 관리하는 사회주의 국가의 전형적인 예술양식이다. 1934년 제일소비에트작가회의(The First Soviet Writer's Congress)는 사회주의 리얼리즘의 나아갈 방향을 설정했는데, 예술가의 창작활동에 있어서 특정한 미학적 · 도덕적 기준을 충족시켜야 한다는 원칙이 천명되었다. 인민의 삶에 충실하며 사회주의 이념을 구현하려는 예술양식인 사회주의 리얼리즘 미학의 내용은 다음과 같다.

첫째, 예술은 현실을 단순화하고 정형화된 방식으로 표현함으로써 대중에게 효과적으로 전달될 수 있어야 한다.

둘째, 예술은 있는 그대로의 삶이 아니라 반드시 어떻게 되어야 하는, 즉 본받을 만한 가치가 있는 삶을 표현해야 한다.

셋째, 예술은 개별적인 현실이 아닌 보다 큰 사회적 의미를 드러내는 현실을 표현해야 한다.

넷째, 예술은 미래의 발전과 사회적 투쟁을 긍정적으로 나타내는 현실을 표현해야 한다. 낙관적인 분위기를 조성해야 한다.

다섯째, 예술은 당대의 삶에 초점을 맞춰야 한다. 그리고 새로운 사회적 현상에 대한 즐거운 이미지를 창조하며, 사회의 새로운 측면을 드러내며 보증함으로써 여기에 대중이 동화될 수 있도록 지원해야 한다.[2]

놀랍게도 사회주의 리얼리즘 미학은 현대의 광고제도에도 그대로 적용된다. 사회주의 리얼리즘 계열의 모든 예술과 마찬가지로, 현대 광고 역시 있는 그대로의 현실을 반영하는 것이 아니라 반드시 이룩해야 하는 현실, 다시 말해 모방할 만한 가치가 있는 생활을 다양한 기제를 동원하여 구성한다. 현대 광고는 결국 사회주의 리얼리즘 국가에서 요구하는 예술가의 기본 임무를 그대로 재현하는 셈이다. 사회주의 국가 예술가들이 강령에 따라 창작활동을 했듯이 광고 창작자들은 오로지 당(광고주)과 인민(소비자)의 목적에 따라 상업예술을 창조할 뿐이다. 이런 맥락에서 마이클 셔드슨(Michael Schudson)은 광고 제도를 '자본주의 리얼리즘'이라고 부르는 데에 조금도 주저하지 않았던 것이다.

다만, 사회주의 리얼리즘이 자극적이며 지나치게 과장되어 있다면, 자본주의 리얼리즘으로서의 광고제도는 보다 완화된 표현방법을 구사함으로써 수용자와의 공감대를 확보해 나가는 개관적이며 감각적인 성향을 띠게 된다. 셔드슨이 보기에 규범적 기능을 수행하는 현대 광고란 순수예술이라기보다 대중적 소통을 지향하는 확장적 예술형태(*pervasive art form*)와 마찬가지였던 셈이다. 사회주의 리얼리즘의 목표가 총체성의 확보

---

2 Michael Schudson, 리대룡 역(1994), "자본주의적 리얼리즘으로서의 광고", 《광고와 사회》, 나남출판, 117~118쪽.

에 있다면, 자본주의 리얼리즘의 목표는 상품 메시지의 강화에 있다.

광고표현에 대한 규제제도는 자본주의 리얼리즘 미학의 전형적인 사례라 할 수 있다. 한국광고자율심의기구의 '방송광고심의에 관한 규정'은 우리나라 방송광고의 방송 여부를 결정하는 정전이다. 현행 방송광고심의규정은 방송법 제32조 제2항과 제3항 및 동 시행령 제21조의 2를 근거로 삼고 있다. 방송광고 사전 심의에 대한 입장은 광고업계나 광고학계의 세부영역에 따라 다른데, 심지어 2008년에는 사전심의에 대한 위헌 소송이 제기되어 광고에 대한 사전심의가 위헌이라는 판결이 나기도 했다. 광고업계의 광고 창작자들은 방송광고의 사전심의제도를 크리에이티브 발전의 걸림돌로 받아들이는 경향이 있는 데 비해, 광고학계나 사회시민단체에서는 광고의 공정성과 공공성을 최소한 유지하는 데 필요한 필수적인 요소라는 인식이 강하다. 김민기(2008)는 광고심의가 기업과 광고계를 강화시키며, 소비자와 시청자의 정서함양에 영향을 미치고, 매체의 책임을 경감시킨다는 세 가지 맥락에서 필요한 제도라고 설명하였다.[3]

광고의 사전심의 때문에 영상 이미지나 카피내용이 사전에

3 김민기(2008), "심의는 광고계를 위해 필요한 것", 〈광고심의〉 15(2), 9~12.

걸러지고 전반적인 광고표현이 그나마 순화되며 규범적인 수준을 유지하는 측면이 있다. 또한, 직업으로서의 광고가 각광을 받게 된 데에는 타율규제 제도가 기여한 긍정적인 측면이 있다. 만약 광고표현을 규제하지 않았다면, 우리 광고는 '크리에이티브'라는 이름으로 저질러진 온갖 저급한 표현과 과장된 내용으로 가득 찬 상업적 메시지의 쓰레기 야적장이 되었을지 모른다. 이렇게 되면 광고인들은 그런 쓰레기 메시지를 양산하는 주범이라는 오명을 얻게 되며, 지금 같은 전문가적 대우를 받기는커녕 숱한 비판에 직면하게 되었을 터이다. 이런 맥락에서 정연우(2008)는 광고심의를 '문화적 거름장치'로 보았는데, 이때 누가 어떠한 기준으로 광고물을 걸러내는지가 중요하다고 하겠다.[4]

그러나 타율규제의 긍정적인 측면에도 불구하고, 광고 창작자들은 광고의 사전심의가 결국 광고의 표현영역을 축소시키는 동시에 표현의 자유를 억제하는 제도적 역기능을 수행한다는 비판을 제기하기도 한다. 예컨대, 매일유업의 비교광고 '바나나는 원래 하얗다' 편(〈광고 7-1〉 참조)은 광고심의를 거치는 과정에서 카피가 대폭 수정되었다. 이 광고에 대한 한국광고자율심의기구의 방송광고 심의결과는 다음과 같다.

---

4 정연우(2008), "광고심의는 우리가 지켜야 할 사회적 안전시스템", 〈광고심의〉 15(2), 18~21.

〈광고 7-1〉

1) 식품광고에서 고발 프로그램 형식을 표방하여 "사실 그렇잖아요. 바나나를 까보면 (속은) 분명히 하얀 건데 노랗게 만들면 거기에 뭐가 들어가는 건데" 라고 표현하는 것은 우유에 들어가는 색소가 식용색소임에도 불구하고 인체에 유해한 것처럼 오인될 수 있으므로 부당 비교배척 표현으로 지적하였다.

2) 식품광고에서 직장 상사가 부하 직원에게 "아니 내가 노란색 색소 처음부터 넣어야 된다고 했어요? 안 했어요? 저 근데요. 바나나 껍질이 노란 거거든요. 껍질은 노란데요? 원래 속, 먹는 부분은 하얗거든요. 그래서 어쩌라고요? 안 팔리는 건 어쩌라고요? 예? 존경스럽습니다. 백 부장님 예? 구두는 왜 검정 신고 오셨어요? 흰 거 신고 나타나셔야지, 그래야지 빽부장님 아니에요?" 라고 소리지르는 장면은 시청자

의 정서를 해치거나 방송의 품위를 손상하는 표현으로 보아, 수정토록 의결하였다.[5]

텔레비전에 방송된 광고는 사전심의에서 지적된 내용을 수정한 것으로 광고 창작자들이 처음에 의도한 바와 다른 분위기로 바뀐 것이다. 광고심의 결과를 반영한 최종적인 광고표현은 광고 창작자들이 처음에 의도한 내용과는 경우에 따라 상당한 차이가 있게 마련이다. 따라서 광고심의 제도가 자본주의 리얼리즘을 구현하는 데에 긍정적인 영향을 미치기도 하겠지만 개별 광고물의 심의결과를 놓고 볼 때는 광고 창작자의 표현의 자유에 지나치게 개입하는 측면도 있을 수 있다.

이밖에도 광고가 핵심적인 사회제도로서의 기능을 수행하려면 광고인의 전문성에 대한 보상문제를 고찰할 필요가 있다. 광고 전문가의 탁월한 능력은 사회 속에서 광고가 제대로 기능하게 하는 출발점으로 작용한다. 광고 전문가들은 소비자를 구매자나 고객으로 보지 않고 광고를 존재하게 하는 원천으로 이해하기 때문에 소비자 지향적인 광고창작 활동을 전개한다. 광고창작 활동은 특별한 심상을 소비자들이 볼 수 있는 사물의 세계로 유도한다는 점에서, 인류학자 클리포드 기어츠(Clifford Geertz)의 표현처럼 경험의 방식(*way of experiencing*)을

5 http://karb.or.kr/ (2007-8차 방송광고 심의결과, 2007. 1. 30).

소비자에게 제공한다. 즉, 소비자에게 바람직한 생활양식을 제공함으로써 또 다른 세계를 경험하도록 한다. 광고 창작자들은 자신들의 창의성을 표현하기 위해 상당히 많은 시간과 노력을 광고창작에 바친다. 그럼에도 불구하고 광고물 제작의 외주시스템 제도를 보면 광고창작에 대한 보상이 제대로 이루어지지 않아 광고창작의 기반을 취약하게 하는 요인으로 작용한다.

광고산업의 속성상, 광고주가 광고물 창작을 의뢰하면 그 다음에 여러 가지 사슬관계가 이어진다. 지금껏 광고주-광고회사-제작사의 관계는 후진성을 벗어나지 못하고 있다. 처음에 일정액의 제작비를 정해서 일을 시작해서 그 계약이 끝까지 지켜지는 관행을 정착시켜야 한다. 이미 제작은 끝난 상태인데, 광고주 쪽에서 제작비를 깎으면 광고회사는 약간의 줄다리기를 하다가 도중에 손을 들어버린다. 이렇게 되면 광고회사에서 일을 받아 진행하는 제작사에서 받아야 할 몫도 줄어들게 되고 그들의 협력사인 스튜디오, 출력소, 인쇄소, 녹음실, 편집실에서도 계속 줄어든 금액을 받게 된다. 제작비 지급의 사슬관계만 대충 훑어봐도, 심하게 표현해서 건설업체의 하도급 시스템과 유사한 경우도 있다. 이래가지고 어떻게 자본주의 리얼리즘을 구현할 수 있겠는가?

또한, 광고주와 광고회사 사이에 이루어지는 제작비 합의방식에도 문제가 있다. 광고 한 편을 만들 때 가장 중요하게 지출해야 할 비용은 기획, 카피, 아트워크 같은 광고창작의 소프트웨어 영역인데, 당연히 그 비용을 인정받아야 할 두뇌작업 부분(대개의 N/C 항목)은 거의 인정받지 못하는 경우도 발생한다. 눈에 띄는 비용이 들어가지 않는다는 점에서인지 이 부분은 무조건 인정하지 않으려는 광고주도 있다. 이런 풍토에서 어떻게 풍요로운 사회를 만드는 데 기여하는 광고 제작물을 기대할 수 있겠는가.

더욱이 TV-CM의 경우 감독의 연출료를 제작비의 일부로 보는 경우도 있다. 광고 한 편의 제작이 끝난 시점에서 일괄적으로 견적 합의를 하는 '일괄지급 방식'은 광고 전문가의 창조적인 부가가치를 전혀 인정하지 않는 대표적인 사례이다. 이를테면 우리나라의 대표적인 광고감독들의 경우를 생각해보자. 그들이 자기만의 연출세계를 구축하기까지 공들인 노력이란 가히 살인적이다. 그럼에도 불구하고 왜곡된 제도적 관행 때문에 그들마저도 창조성에 대한 부가가치를 인정받지 못하는 셈이다.

일급 광고감독들은 실험적이고 독창적인 연출기법으로 우리 광고의 표현영역을 보다 비옥하게 가꿔왔다. 그들이 만든 TV-CM은 대개 대중의 관심을 끌기에 충분했으며 자본주의 리얼리즘의 전도사 역할을 해왔는데, 이른바 A급 연출력을 인정받는 감독들이 텔레비전 광고 1편을 연출한 다음에 받는 순수 연출료는 평균 2~3천만 원이다. 그 대열에 들어가지 못한 수많은 감독들의 연출료는 천차만별이다. 이때 연출한 광고가 방송에 1회 노출되건 수백 번 노출되건 관계없이 감독의 수입은 계약 당시의 연출료에 그친다. 광고창작의 전문성에 비춰 볼 때 이런 제도는 비판의 여지가 많다. 이를 영화계와 비교해보자. 영화계에서는 영화감독의 연출료 산정에 있어서 다양한 계약조건이 있고, 영화의 흥행에 따라 감독의 수입도 늘어나는 누진제가 보편적으로 채택되고 있다.

이를 작가들이 책을 낸 후 받는 인세 시스템과 비교해볼 수도 있다. 작가들이 자기작품을 단행본으로 묶어내면 대개의 수입을 인세로 받는다. 대략 책값의 10% 정도가 인세로 책정되는데 많이 팔리면 그만큼 수입이 늘게 마련이고 적게 팔리면 그만큼 수입도 줄어든다. 이는 창의성의 부가가치를 인정하는 대목이며 창의성에 대한 보상을 공평하게 처리하는 제도이다. 이에 비해 우리는 입만 열면 크리에이티브를 말하면서도, 창의성에 대한 보상이나 부가가치는 전혀 인정하지 않는 바람직하지 못한 제도를 운영하고 있다.

만약 감독들과 프리랜서 아트디렉터들에게 일괄지급 방식을 적용하지 않고, 마치 인세를 지급하듯이 노출빈도에 따라 지급한다면 노력에 대한 합리적인 보상이 되지 않을까 싶다. 가령 SA 시간대의 1회 광고료가 1,200만 원일 경우, 1회 노출에 감독에게 광고 매체비의 0.005% 정도를 노출 수수료로 지급한다고 해보자. 만약 그 광고가 월 100번 방송되면 감독은

월 600만 원의 수입을 얻게 된다. 이렇게 되면 감독은 다음 작품을 제작하기 위해 영업을 어떻게 할까를 고민하지 않고도 나름대로 안정적인 생활을 유지하게 된다. 이렇게 되면 충분한 여유를 갖게 되고 결국 다음 작품에서 보다 수준 높은 광고 표현물을 생산할 수 있게 된다.

지금 우리나라 감독들의 경우, 조금 잘 나간다는 소문이 나면 일이 몰리게 마련인데 그 잘 나가는 감독들이 바쁘다는 이유로, 수준 높은 표현에 자신이 없다는 이유로 일을 거절하는 경우란 거의 없다. 그들에게는 광고의 창의성이나 작품성보다는 생활이 더 중요하며, 아티스트의 면모보다는 사업가로서의 기반확보가 더 중요한 일인지도 모른다. 일본의 감독들은 이 일 저 일 다 받아서 하지 않고 자신감 있는 작품만 찍는다고 한다. 그렇기 때문에 많이 만들기보다 자신의 이름을 걸고 제대로 만드는 작가주의가 정착되었을 터이다.

광고주-광고회사-제작사 간의 외주제작 시스템에 있어서 아웃소싱의 진정한 의미를 이행하고 갈등을 넘어 전략적 파트너로 나아갈 필요가 있다. 크리에이티브는 감성적일 수 있으나 이를 관리하는 과정은 철저히 이성적이어야 하며, 제작사와의 거래 연결망도 일종의 사회적 자본이 될 수 있음을 유념할 필요가 있다.[6] 앞으로 우리 광고계도 일괄지급 방식에서 탈

6 배진환(2006), "방송광고 외주제작 시스템 비판", 김병희 외. 《방송광

피하여 창의성에 대한 부가가치를 인정하는 새로운 지급방식을 모색해야 한다. 광고 창작자들이 안정된 생활기반을 바탕으로 일과 사업을 찾아다니기보다 자신에게 가장 알맞은 작품을 선별하는 데에 더 많은 시간과 노력을 투자할 때, 우리 광고표현의 수준도 한결 높아지게 된다. 이런 제도가 제대로 정착되면 보다 풍요로운 세상이 만들어지며, 소비자 민주주의를 신장시키는 결과를 낳게 된다.

- 광고는 원치 않는 제품을 사게 만든다.
- 광고는 가격을 인상시킨다.
- 광고는 저질상품의 판매를 돕는다.
- 광고는 돈의 낭비이다.

이상의 미국광고회사협회(AAAA) 광고에 나타난 일반적인 광고비판에서 자유로울 수 있는 길은 무엇인가? 지금의 광고제도를 얼마나 합리적으로 개선하여 어떻게 운용하느냐에 달려있다. 합리적인 광고제도를 정착시켰을 때, 비로소 광고는 풍요로운 사회를 만드는 핵심제도가 되는 동시에 자본주의 리얼리즘의 기능을 수행하게 될 것이다. 또한, 제도적 비평방법론을 바탕으로 광고물과 광고제도에 대하여 냉철하게 감시하고 새로운 대안을 모색하는 과정에서 광고는 사회 속에서 보다 분명한 자리매김을 할 것이다.

고와 광고비평》, 나남출판, 211~229쪽.

8

수용자 반응 비평

텍스트를 날줄, 수용자를 씨줄로 새롭게 짜여지는 광고의 의미

◎

고고학적 비평

오랫동안 비평가들은 자신의 임무가 텍스트와의 관계 속에 있다고 생각해 왔다. 텍스트에 담겨있는 의미를 찾는 일을 자신들의 임무라 여겨왔다. 텍스트 안에 의미들이 교묘하게 숨었음을 전제한 끝에 나온 임무규정이다. 맨눈에는 잘 보이지 않으며 숨어있는 의미를 비평가들이 수용자들의 이해를 돕기 위해 찾아내고, 설명하는 것을 비평이라고 규정해온 것이다. 이 같은 전통적 견해 탓에 텍스트를 꼼꼼히 읽고, 숨겨진 의미를 찾는 '텍스트 중심성'의 작업을 비평이라고 이해해 왔다.

텍스트에 담긴 뜻을 찾는 것이 비평(가)의 임무라는 전통적 견해는 두 가지 사회적 효과를 생산해냈다. 첫째, 비평가의 지위에 대한 사회적 합의도출이다. 전통적 견해에 따르면 비평

가는 숨겨진 의미를 찾아내 이해를 돕는 전문적 식견을 가진 자들이라는 인식이 가능해진다. 저자의 창의성, 숨겨놓은 의도를 찾는 전문가라는 지위를 얻게 된다. 둘째, 해석과정을 저자와 비평가의 대화로 한정한 결과 수용자를 소외시키는 효과를 낸다. 텍스트를 둘러싼 문화적 과정에서 수용자는 수동적 참여자로 인정받을 뿐이다. 비평가가 찾아 해설해주는 숨겨진 의미를 전해 받는 존재로만 인식된다. 이와 같은 관행적 인식, 위치짓기가 반복되면 작가와 비평가는 주체적 지위를 유지하게 되고, 수용자는 부수적, 수동적 존재라는 지위를 얻게 된다. 수용자는 비평가들의 "자애로운 해석"대로 텍스트를 받아들여 저자의 뜻을 이해하는 존재로 머물게 된다.

비평과 수용자에 대한 이와 같은 전통적 견해를 종종 '고고학적 접근'이라 부른다. 텍스트 의미는 그를 찾아 나선 고고학자(비평가 혹은 수준 높은 독자)에 의해 밝혀지는 존재라고 파악하는 탓이다. 여기서 텍스트 의미는 폭넓게 해석할 필요가 있다. 비평가가 텍스트에 담긴 의미를 구한다 함은 텍스트 안 의미분석을 통해 저자의 무의식적 동기, 저자의 의도, 텍스트 구성요소들 간의 관계 등을 세밀히 따짐을 말한다. 고고학적 접근은 적어도 텍스트를 둘러싸고 네 가지 중요 요소가 존재한다고 보고 있다. 첫째는 작가, 둘째는 작가가 생산한 텍스트, 셋째로 비평가, 그리고 넷째는 비평가가 해석해낸 의미가 그것이다.

이처럼 고고학적 접근, 전통적 접근, 혹은 텍스트 중심적 접근은 텍스트를 생산하는 주체와 관련된 사안들에 주로 관심을 갖는다. 저자와 생산된 텍스트, 전문적인 해석에만 관심을 한정시킨다. 생산조건, 생산방식, 생산결과, 생산물의 의미에 주목하지 않은 탓에 텍스트 생산과 그것이 갖는 사회적 의미에 대해서는 이렇다 할 만한 논의를 하지 못한다. 생산자(*author*)가 갖는 권위(*authority*)가 사회적 의미를 대신한다고 본 탓이다. 저자, 생산자가 의미과정에서 언제나 중심에 선다고 여긴 탓이다.

텍스트 빈자리

최근 들어 저자, 텍스트가 의미생산의 중심이라는 테제에 대한 도전들이 펼쳐지고 있다. 텍스트와 수용자, 생산자 간의 관계를 새롭게 정립하려는 노력들이 속속 등장하고 있다. 볼프강 아이저는 텍스트에는 수용자만이 채울 수 있는 "빈자리"가 있다고 주장한다. 그 빈자리는 수용자의 해석행위를 기다린다. 빈자리를 메우는 수용자 행위를 두고 인가르덴은 수용자의 "공간 메우기"라고 불렀다. 빈자리와 빈자리 메우기를 주장한 아이저, 인가르덴 등은 텍스트 의미는 고정되어 있지 않음을 주장했다. 텍스트는 다양한 해독을 초대하는 장치에 불과하다는 주장이다.[1] 수용자와 텍스트가 만나는 순간에 의미가

1 문학에서는 이 같은 비평을 두고 독자비평, 독자반응비평이라고 부르

발생한다는 논리다.

텍스트 자리를 수용자가 꿰차고 들어갔다고 해서 수용자가 행하는 자의적 해석을 최종 의미인 것처럼 이해해서는 안 된다. 그럴 경우 또 다른 중심주의, 즉 수용자 중심주의적 오류에 빠진다. 그보다는 텍스트와 수용자가 만나 의미가 발생한다고 간주하자는 것이다. 텍스트 구조와 수용자의 수용행위가 만난 결과 (다양한) 의미가 발생한다고 파악하자는 주장이다. 물론 그 둘 간의 만남에서 텍스트가 차지하는 몫과 수용자가 차지하는 몫은 일정치 않다. 때로는 텍스트의 구조가 수용자를 압도하고 그 반대의 경우도 가능하다. 즉, 텍스트의 의미가 수용자에게 그대로 전달되는 경우, 수용자가 텍스트의 의미를 자의적으로 해석하는 경우, 텍스트 속의 작가 의도를 수용자가 완전히 뒤집어 해석하는 경우 등 다양한 결과가 도출될 수 있다. 어느 경우이든 텍스트와 수용자의 만남은 의미 생성과정에 남아 있다.

이같이 수용자가 의미형성에 적극적으로 참여한다는 사실을 강조하는 비평을 수용자 중심 비평, 혹은 수용자 비평이라고 부른다. 문학에서는 독자 중심 비평이라고 부르기도 한다. 수용자라는 말 대신 독자(*readers*)란 개념을 사용하는 것은 수

고 있다. 독자비평, 독자반응비평의 대표적인 저서로는 Wolfgang Iser(1978), *The Act of Reading*: *A Theory of Aesthetic Response*, Johns Hopkins Univ. Press.

용자를 좀더 적극적인 존재로 파악하자는 의지의 표현이다. 사실 수용자(*audience*)라는 말에는 적극성보다는 수동성 혹은 중립성의 뜻이 더 강하게 배어있다. 독자 혹은 적극적 수용자(*active audience*)는 문화적 텍스트를 바라보기만 하거나, 던져준 것을 주워 먹는 존재가 아니라 꼼꼼히 따져 읽는 존재라는 의미를 갖는다. 수용자 중심 비평에서는 수용자에게 예전보다 훨씬 더 많은 적극성, 능동성, 개입성을 부여하려 한다.

수용자의 능동성을 강조하는 수용자 비평은 텍스트 약화 논의로부터 비롯되었다. 예전에 비해 문화적 텍스트가 약화되었다는 의미로 텍스트의 약화를 말하는 것은 아니다. 텍스트의 약화는 예전의 비평관습에 대한 공격으로 볼 수 있다. 기존의 비평관습에서는 텍스트를 왕좌에 올리는 경향이 강했다. 당연히 비평은 왕좌에 오른 텍스트를 꼼꼼히 분석하여 그것이 어떻게 의미를 내며 어떤 의미를 지니는지에 초점을 맞추었다. 텍스트는 수용자들이 그 안에서 꼼짝 못하고 의미를 받아들이도록 세밀하게 짜여 있다는 논지다. 텍스트의 약화는 텍스트를 그같이 인식함에 대한 공격이다.

텍스트는 결코 완벽하게 짜여 있지도 않고, 수용자를 사로잡는 데도 한계를 지닌다. 그렇기 때문에 수용자는 텍스트의 그물 안에서 포획되는 나약한 존재로 이해되지 않는다.[2] 이처

---

2 광고와 소비자 간 욕망의 교차를 통해 얻어진 것을 두고 강준만 등은

럼 텍스트 약화를 논의하는 쪽에서는 '텍스트가 열린다' 라는 말을 자주 한다. 텍스트 해독에서 수용자의 자유도가 높아져 수용자가 텍스트를 어떻게 읽어내는가에 따라 텍스트의 의미가 정해진다는 말과도 통한다. 특히 광고와 같은 대중문화 텍스트는 문학 텍스트와 질적으로 다르다. 수용자는 얼핏 지나가다 광고를 접할 수도 있는 등 몰입 없이 수용하기도 한다. 해석과정에서 수용자의 개입 여지가 더 높아지기에 텍스트 중심적 비평만으로 광고가 사회에서 어떤 의미를 내는지를 추적하는 일은 한계를 갖는다.

텍스트가 약화되어 있다, 혹은 텍스트가 열려 있다고 해서 모든 텍스트를 열려 있는 것으로 이해해서는 안 된다. 대중문화 텍스트의 열림과 닫힘 정도에는 차이가 있다. 움베르토 에코는 텍스트를 열린 텍스트(*open text*) 와 닫힌 텍스트(*closed text*) 로 나누어 분류했다. 열린 텍스트는 의미를 생산하는 과정에 독자의 협조가 유도되는 텍스트를 말한다. 즉, 독자가 저자의 입장에서 텍스트를 대하는 경우인 것이다. 그래서 열린 텍스트를 "저자적 텍스트"(*writerly text*) 라고 부르기도 한다. 새로 적듯이 읽어낸다는 말일 터이다. 그에 비해 닫힌 텍스트는 수용

사회적 경향이라고 부른다. 광고 텍스트 분석을 통해 사회적 경향을 읽을 수 있다는 말이다(강준만 · 전상민(2007), 《광고, 욕망의 연금술》, 인물과 사상사). 광고를 통해 사회적 경향을 찾는 책으로는 다음 책도 있다. 마정미(2004), 《광고로 읽는 한국사회문화사》, 개마고원.

자가 자유롭게 반응할 가능성을 제한시킨다. 통속적 코미디의 경우가 이에 해당한다. 닫힌 텍스트는 수용자들의 적극적인 개입을 유도하지 않고 수동적인 독자의 입장에서 텍스트를 대하도록 구성되어 있기에 독자적 텍스트(*readerly text*) 라고도 한다. 저자가 만들어놓은 의미대로 얌전히 따라가는 경우를 말한다.[3]

광고의 다의성

텍스트는 왜 열리는 것일까? 어떻게 해서 수용자가 마치 저자가 된 듯이 텍스트를 창의적으로 읽는 것이 가능할까? 대체로 문화 이론가들은 대중문화 텍스트가 다의성(*polysemy*) 을 갖는다는 사실에 동의한다. 대중문화란 다양한 사회집단, 계층의 즐거움, 즉 대중성을 고려할 수밖에 없기 때문에 꽉 짜인 텍스트로 승부를 걸기보다는 상당히 애매모호한 형태로 짜인 텍스트를 양산해내기 때문이다. 그처럼 애매모호한 텍스트 짜기는 다음과 같은 몇 가지 제작방식에 기댄 결과다.

대표적인 것이 아이러니, 은유, 모순, 과장, 상호텍스트성 등이다. 아이러니는 "말하는 것과 의미하는 것이 실제로는 일치하지 않는 어법"을 말한다. 한 기업광고에서 가정의 행복과

3 대중적인 텍스트가 열리고 그로 인해 수용자의 독자성이 높아진다는 논의를 집대성한 작업으로는 J. Fiske(1989), *Reading the Popular*, Boston: Unwin Hyman을 참조로 할 것.

기업의 이미지를 결합하는 메시지를 담았다고 하자. 그런데 광고 후 방영된 뉴스에서 그 회사 소유주가 2세에게 불법으로 회사를 넘기려 한다고 보도했을 경우 기업광고는 전혀 엉뚱한 의미를 낳게 된다. "고객의 가정을 지켜주는 것이 아니라 기업주 가정의 행복을 지키려는 것"이라는 의미를 낳게 되는 것이다. 즉, 직접적인 방식으로 전달되지 않았지만 다른 정보통로로 전혀 다른 의미를 내고, 앞의 의미를 희석시키는 일을 일으키게 된다.

은유(*metaphor*)는 설명하기 어려운 사물이나 상황을 이미 친숙한 사물이나 상황을 이용해 쉽게 이해하도록 펼치는 어법이다. 마음의 평온함을 얘기하기 위해서 "내 마음은 호수요"라고 말한다거나 청춘남녀의 사랑을 두고 "꽃과 나비"로 말하는 것 등이 은유적 어법이다. 하지만 이와 같은 은유는 반드시 의도한 바대로 받아들여지지 않을 수도 있다. 청춘남녀의 이야기를 꽃과 나비로 표현한 것을 두고 '촌스러움', '보수적인 표현' 등으로 받아들일 여지는 얼마든지 있다. 청춘남녀의 사랑을 말하고자 한 의도가 세련되지 못함이나 보수적이었다는 표현으로 되돌아오는 것은 표현과 수용이 일치하지 않고 다의성이 벌어지는 예라 할 수 있다. 은유적 표현에서는 다른 용어가 들어가 치환작동을 하기도 하는데 이 치환과정에서 전혀 엉뚱한 의미로 받아들여질 가능성이 있다. 〈광고 8-1〉은 "삼양" 대신에 "남자"를 넣어 치환하고, 여성모델을 통해 시각적 은유를

〈광고 8-1〉

시도하고 있다. 여기서 남자 대신 친구, 애인, 아버지, 선생님 등의 용어를 사용할 수 있다. 그로 인해 기업을 대신하는 "내 남자"는 확고하게 그 자리에서 의미를 내지 못하거나 기업의 이미지로 전이되지 못하고 실패할 수도 있는 것이다.

대중문화 텍스트는 모순을 담을 수밖에 없는 한계가 있다. 악한 사람은 늘 실패하기 마련이라는 메시지에 대중들이 식상해하면 악하지만 착한 구석이 있는 인물을 내세워 주목을 끌려 한다. 하지만 악의 성공을 세상이 모두 동의하지 않음을 알기에 대중문화 제작자들은 어정쩡한 결론을 내릴 수밖에 없다. 결코 해결되지 않는 모순을 미끼로 인기를 끌어야 하고 고정된 의미로 못 박지 못하고 잔여의미를 남기는 전략을 대중문화 제작자들은 활용한다. 대중문화 텍스트는 인기라는 부담 탓에 모순을 완전히 해소하지 않고 남겨 둔다. 모순적 요소들을 담다 보면 자연스레 텍스트가 열리게 된다.

상호 텍스트성(*intertextuality*)은 이름 그대로 텍스트 간의 충돌로 인해 생기는 결과물을 말한다. 주변에서 시트콤이 광고를 패러디하는 경우를 종종 본다. 친근한 광고 이미지를 통해 극중상황을 쉽게 풀어가려는 작가나 제작자의 의도라 생각한다. 시트콤과 광고 메시지는 서로 다른 텍스트이면서 만남을 통해 전혀 색다른 의미를 창출해낼 수도 있다. 시트콤 장면에서 부모가 아이에게 텔레비전을 그만 보라고 말하는 장면에서 아이는 '텔레비전 못 보면, 인터넷 하면 되고~'라고 광고를 패러디했다고 하자. 수용자들은 그 상황을 쉽게 이해하게 된다. 광고를 통해 이미 그에 익숙해 있기 때문이다. 하지만 수용자에게는 그 광고상품이 기억에 남는 것이 아니라 그 상황이 남을 뿐이다. 이처럼 텍스트들이 서로 겹쳐지고 반복되는 여러 현상들을 통칭해 상호텍스트성이라 부른다. 상호텍스트성은 수평적 상호텍스트성(*horizontal intertextuality*)과 수직적 상호텍스트성(*vertical intertextuality*)이 있다.

수평적 상호텍스트성은 서로 다른 텍스트 간의 만남을 의미한다. 광고를 예로 들면 모델이 광고 여기 저기 등장하면서 의미가 변형되는 텍스트성을 말한다. A 광고에 출연한 모델이 B 광고에 등장하게 되면 수용자들은 둘을 겹쳐서 해석하게 된다. 이때 A 혹은 B 광고는 원하는 대로 의미를 낼 수 없게 되기도 한다. 아니면 그 어느 쪽도 온전한 의미를 내지 못하고 실패할 수도 있다.

수직적 상호텍스트성은 매체 간 충돌로 인해 발생한다. 서태지가 등장한 대우자동차 토스카 광고(〈광고 8-2〉)는 "때론 발라드처럼 부드럽고, 때론 헤비메탈처럼 파워풀하다"라는 문

〈광고 8-2〉

구로 소구하려 하지만 서태지가 뮤직 비디오나 텔레비전 등에서 보여온 '낡은 것에 대한 도전'에 묻혀 소구가 잘 드러나지 않을 수 있다. 이미 다른 매체를 통해 형성된 의미를 극복하지 못할 경우 원하는 의미가 상품과 합체되지 않는다. 그처럼 서로 다른 매체 간 충돌로 인해 텍스트가 의도했던 의미가 흐트러지는 것을 수직적 상호텍스트성이라 부르며 텍스트가 열리게 하는 한 장치라고 말한다.

열린 텍스트는 다의성의 전제조건이기는 하지만 그 자체만으로는 다의성이 이루어지지 않는다. 열린 텍스트로 인한 다의성은 수용자가 자신의 사회성(혹은 다양한 사회적 경험)을 텍스트와 만나 활용하는 순간에 이루어진다. 수용자의 사회적 경험이 텍스트의 개방성과 어울리면서 의미가 다의적이 되고, 흩어지고, 변형된다. 텍스트와 수용자 경험의 관계는 스튜어트 홀의 "부호화-해독화"(*encoding-decoding*) 설명으로 쉽게 이해할 수 있다.[4] 한 아이템이나 사건을 담아 TV 프로그램으로 만

---

4 S. Hall(1980), "Encoding/Decodong", in S. Hall et al.(eds.),

들기 위해서는 구성과정을 거쳐야 한다. 아이템이나 사건이 일정 규칙성을 지닌 구성과정을 거치지 않으면 데이터로만 남을 뿐 프로그램의 일부가 될 수 없다. 데이터로 남겨두지 않고 프로그램으로 만드는 구성과정을 부호화(*encoding*)라고 한다. 부호화는 다양한 부호(*codes*)를 활용해 광고 같은 대중문화의 내용을 꾸미는 과정을 말한다.

부호화만으로 의미가 형성되어 사회를 떠돌아다니며 커뮤니케이션을 행한다고 말하진 않는다. 만들어진 메시지는 수용자의 해독(*decoding*)을 기다린다. 엄밀하게 말하자면 메시지의 의미는 수용자가 해독하는 순간에 발생한다. 해독은 부호화된 내용을 풀어가는 과정이라 할 수 있다. 부호화 → 메시지 → 해독의 순으로 커뮤니케이션이 이루어진다는 말이다. 그런데 해독과정을 결코 부호화 과정의 재판으로만 보아서는 안 된다. 부호화된 대로 해독을 하지는 않는다는 뜻이다. 부호화 과정과 해독과정은 대칭보다는 비대칭적 관계에 놓일 경우가 많다. 물론 부호화한 대로 따르며 해독하는 경우도 있기는 하다. 하지만 대체로 부등가적으로 이루어진다. 수용자를 독자로 보자는 입장은 부호화한 대로 해독하는 존재가 아니라 능동적으로 해독하는 존재로 보자는 기대를 지니고 있다. 즉, 해독을 할 때 자신의 경험, 사회적 배경을 충분히 활용하는 그런 해독

Culture, Media, Language, London: Hutchinson.

을 하는 수용자를 말한다.

스튜어트 홀은 수용자의 독해 가능성 유형을 3가지로 나누어 설명했다. 첫 번째는 '지배적, 헤게모니적 해독'이다. 수용자가 광고 메시지에 내포된 의미를 완전히 그대로 받아들이고 메시지가 만들어진 틀대로 해독할 경우 지배적, 헤게모니적으로 해독한다고 한다. 즉, 대중매체 자체가 자본주의의 지배적, 헤게모니적 위치에 놓여 있으므로 대중매체를 그대로 믿고 따르는 수용자의 독해는 지배적이고 헤게모니적이란 뜻이다.

두 번째는 '협상적' 해독이다. 협상적 해독은 대중문화물의 내용에 대해 때로는 순응적이지만 때로는 저항적인 태도가 혼합되어 이루어진다. 어떤 차원에서는 지배적이고 헤게모니적인 방식으로, 다른 차원에서는 타협하는 방식으로 해독하는 경우를 말한다. 예를 들어 고급 아파트의 고급스러운 내부를 보여주는 아파트 광고를 접한 중산층 시청자는 때로는 그에 대한 욕망으로 인해 광고 메시지를 따르기도 하지만, 자신이 그것을 살 수 없다는 생각에 가진 자들의 놀음이라고 외면할 수도 있다. 이러한 순응과 반대의 요소가 섞여 있는 양면적인 해독형태를 협상적 해독이라고 일컫는다. 타협적인 해독이란 뜻인 듯하다.

세 번째 해독방식은 '대항적' 해독이다. 수용자가 자신에게 전달된 메시지를 완전히 반대로 해독하는 경우이다. 광고주의 비리나 모순을 잘 알고 있는 사람들이 광고 메시지를 상투적인

"입 선전"으로 일축해 해독하는 경우가 그에 해당된다. 앞의 아파트 광고를 보며 '아직 집이 없어 고생하는 사람들도 많은데 저런 집을 가져야 하는가' 라며 수용하는 경우가 그에 해당할 것이다.

이처럼 수용자들은 자신들의 사회적 경험, 태도, 가치 등을 해독과정에서 발휘한다. 이미 다의적일 수 있는 텍스트를 다양하게 읽어 더더욱 다의적이게 만들어 의미를 생산하는 것이다. 페미니스트 여성의 해독과 가부장제적 남성의 해독이 같을 거라고 믿는 사람은 별로 없을 것이다. 마찬가지로 계급, 지역, 나이, 교육정도에 따라서도 다양한 해독이 발생할 수 있으니 텍스트는 수용자와 만나면서 다양한 방식으로 읽혀지고, 의미를 내는 셈이다.[5]

수용자가 텍스트를 다원적으로 해석하게끔 하는 또 다른 요인은 수용자의 수용환경이다. 광고와 같은 대중문화 텍스트는 어떤 인간관계도 이루어지지 않는 진공상태에서 수용되지 않는다. TV를 시청하는 안방 공간은 가족구성원의 모임이라는 조건을 지니고 있다. 그러므로 메시지의 해독은 가족간의 관계 속에서 이루어진다고 보아도 무방하다. 끊임없는 대화는 해독과정에 개입하는 또 다른 변수이다. 가족간의 대화가 텍

---

5 박은경(2003), 《god: 스타덤과 팬덤》, 한울. 아이돌 스타인 god의 열렬한 팬이 자신과 스타 텍스트가 어떻게 상호 교감했는가를 다루며 수용자의 능동적 독해과정을 솔직한 언어로 펴고 있다.

스트의 부호화 과정을 그대로 답습하는 것을 막고 전혀 새롭게 의미를 내게도 하는 것이다.

흔히 혼자 하는 TV시청보다 식구들과 함께 하는 TV시청이 더 재미있음을 자주 경험한다. 어떤 이들은 혼자서 TV 보는 것을 매우 서글프게 여기기도 한다(가수 최성수는 "TV를 보면서 눈물이 흐르네 …" 라고 노래하면서 고독한 텔레비전 시청행위를 눈물, 고독과 연관짓고 있다). 식구들과 TV광고를 시청할 경우 등장모델에 대한 나름의 의견, 다른 광고와 차이 없다는 불만, 상품에 대한 각자의 평가 등 참으로 많은 의견들을 쏟아낸다. 그래서 광고를 둘러싸고 수다스러운 구술문화가 형성된다. 구술문화 탓에 광고 텍스트가 수용자를 온전하게 압도하기 힘들 수도 있다. 텔레비전 앞에서 벌이는 수다는 그처럼 텍스트가 지닌 이야기 결을 흠집 내기도 하고 전혀 다른 방향으로 받아들이도록 홈을 파기도 한다. 그와 같은 경우를 두고 텍스트에 구멍(*syntagmatic gap*)을 낸다고 한다.

수용자의 새로운 감각 발굴해야

텍스트의 틈새를 비집고 다의미적으로 해석하는 수용자의 능동성이 과연 어떤 사회적 의의를 갖는가에 대해서는 매우 신중하게 논의해야 한다.[6] 특히 광고해독에 대한 논의에서는 더욱

---

6 김영순 외(2004), 《광고 텍스트 읽기의 즐거움》, 연극과 인간. 특히

그러하다. 자본주의 사회 광고는 수용자들에게 즐거움을 주며 사회적 신화, 모순 등을 유지하려는 내포를 담고 있다. 그러나 그 광고들이 모두 의도한 바대로 성공을 거두지는 못한다. 수용자들은 광고 텍스트를 받아들일 때 얌전한 모범생의 태도에 그치는 것도 아니고, 부호화대로 움직이는 것도 아니다. 지속적으로 자신의 경험을 수용의 순간에 틈입시키려고 노력한다. 그런 탓에 광고수용이 주어진 대로 받아들이는 수용이 아닌 광고내용의 조롱, 새롭게 광고내용을 만들기 등의 놀이로까지 이어갈 수도 있다. 광고내용이 재미있어서 즐거움을 얻기도 하지만 광고내용이 지나치게 모순적이어서 즐겁기도 한 수용자가 되기도 한다. 물론 그것은 의도한 것이 아닐 수 있지만 광고 외부사회에서 겪은 자신들의 경험으로 파생되는 잉여의 즐거움이기도 하다.

수용자 비평은 광고를 통해 얻은 전혀 엉뚱한 의미와 즐거움 등을 필요 없다거나, 광고실패로 돌리지 않고 수용자가 전에 없는 새로운 감각으로 광고를 평가해주기도 함을 암시한다. 될 수 있는 한 즐거움을 광고 커뮤니케이션의 성공으로만 가두려고 하는 노력들에 비해 새로운 감각, 즐거움을 발굴해주고 평가해주는 비평작업은 전혀 다른 역할을 해낼 수도 있다. 광

이 책은 광고 읽기에 주안점을 두고 있는데, 미디어 교육 등을 통해 대중의 광고 읽기를 교육하는 일이 필요함을 역설하고 있다.

고 속에 담겨 있는 의미를 찾는 것에 그치는 고고학적 비평이 아니라 새로운 의미가 가능함을 전달해주어 수용자가 광고의 도와는 다르게 해석할 수 있게 발판을 마련해 주는 비평을 했을 때 광고의 사회적 외연은 더욱 늘어나지 않을까. 이어 새롭고 창의적인 광고가 더 늘어나게 하는 새로운 시발점이 될 수도 있다.

9

마케팅적 비평

매출 증대와 사회적 책임 사이, 올바른 균형점을 찾아서

☆

광고를 마케팅 측면에서 비평하고자 할 때, 우리는 몇 가지 질문을 쉽게 떠올리게 된다. "광고가 상품가격을 올리는가?"라는 질문과 "광고가 시장독점을 조장하는가?"라는 질문이다. 그리고 "광고가 경기변동에 영향을 미치는가?"라는 질문도 제기된다. 그러나 이런 질문들은 다소 고전적인 질문들로서 각 질문에 따라 긍정적인 면과 부정적인 면이 다 있는 것으로 드러났다. 예를 들면, 어느 기업이 광고에 투자한 비용을 상품가격에 전부 반영한다면 가격은 그만큼 상승할 것이다. 하지만 광고의 효과로 인해 매출이 상당량 증가한다면 이윤창출 효과의 극대화로 인해 그 기업은 굳이 상품가격에 광고비를 포함시킬 필요가 없어질 수도 있다. 이런 양립된 현상들이 여기 지금 떠올린 질문마다 각각 제기될 수 있기 때문에 위의 질문들은 다소

학문적이고 고전적인 질문들이 될 수밖에 없다. 이런 질문들 말고 좀더 현실적이고 실제적인 질문들을 가지고 마케팅 측면에서 광고를 비평할 수 있는 잣대를 모색해보기로 하자.

마케팅 지상주의(至上主義)와 비정상적 구매행위

마케팅이 궁극적으로 지향하는 바는 상품이나 서비스의 매출을 증대시키는 데 있다. 환불이나 고장수리 혹은 컴퓨터나 휴대폰 등의 업그레이드 서비스도 결국은 매출을 증대시키기 위한 행위이다. 이런 마케팅 활동의 효과를 극대화하기 위해서 현대사회에서는 광고의 역할이 대단히 중요하게 된다. 어느 기업이나 광고를 통해서 매출증대에 힘쓰려는 노력을 경주하게 되는데, 기업이 제품이나 서비스의 질을 높이려는 노력보다 광고에만 주력하고, 광고가 끝나면 광고가 소비자에게 가져다 준 결과에 대해선 침묵하려는 경향이 나타나고는 한다. 이렇게 광고의 사회적 영향력을 도외시하고 광고를 통한 매출증대에만 힘쓰는 경향을 "마케팅 지상주의"라고 부를 수 있다. 이러한 마케팅 지상주의가 구매의 비정상적 행위에 어떻게 영향을 미치는지 살펴보자.

매출증대 제일주의와 충동구매

1997년 초 한국소비자보호원은 전국 2천여 명의 초중고생들을 대상으로 청소년의 소비의식 및 행태를 조사한 바 있다. 이 청소년들 가운데 58%는 라디오 CM이나 TV광고를 보고 구매충동을 느낀다고 응답했는데, 놀라운 사실은 서울 명동의 한 백화점의 경우 하루 고객 중 10대 고객이 약 40%(6~7천명)에 달한다는 사실과 이들의 물품구입 액수가 그 백화점 하루 매출액의 30~35%에 달한다는 사실이 이 조사에서 밝혀진 것이다. 이들 중 60% 이상이 일반 브랜드보다 유명 브랜드 구입을 선호하는 경향이 있다고 밝혔으며, 이들은 또한 10만 원이 넘는 청바지와 스포츠화를 구입하는 데 주저하지 않는 것으로 나타났다. 이들의 행위는 그 당시 누가 보아도 과소비임에 틀림이 없었다.

서울 YMCA 신용사회 사무국이 2003년 7월에서 9월까지 신용교육을 진행하면서 청소년들의 소비성향 자가진단을 실시하였다. 중학생 136명, 인문계 고등학생 41명, 실업계 고등학생 43명 등 총 220명을 분석한 결과 휴대폰을 가지고 있는 학생은 127명으로 57.7%로 절반을 넘었다. 충동적 구매자의 성향을 본 결과 여학생의 34.4%가 충동적 구매자의 성향을 보여 남학생의 1.8배가 되었다. 또한 휴대전화를 가지고 있는 학생이 그렇지 않은 학생에 비해 충동적 구매성향의 비율이 1.4배 높았다.[1] 충동적 구매자는 소비를 통해 만족을 추구하는 성향이 강한 특징을 지닌 집단을 나타낸다.

---

1 http://blog.naver.com/primus10.

청소년 10명 가운데 6명 이상은 갖고 싶은 물건은 일단 사고 보는 '충동구매'를 하고 있는 것으로 조사된 적이 있다. 2006년 2월 6일 신용회복 위원회에 따르면 최근 전국의 고교 3학년생 810명을 대상으로 실시한 설문조사에서 '갖고 싶은 것은 일단 사고 본다'는 항목에 '자주 그렇다' 또는 '보통이다'하고 응답한 비율이 전체의 60.9%에 이르렀다. 또 '용돈을 초과해 사고 싶은 물건을 산다'는 항목에도 72.1%가 '그렇다'고 응답했다. '광고, 유행, 친구를 따라 산다'는 비율도 80.0%나 됐다. 용돈 마련방법을 묻는 질문에는 '부모님에게 의존한다'는 응답이 81%로 압도적으로 많았다.[2]

구매의 주체는 소비자이며, 구매에 대한 1차적 책임은 소비자에게 있다. 그럼에도 불구하고 구매에 대한 책임성을 논할 때, 광고의 책임을 거론하지 않을 수 없는 것은 광고의 영향력이 막강하기 때문이다. 특히 청소년들에게 더욱 막강하기 때문에 청소년들에게 미치는 영향력을 고려하지 않을 수 없다. 청바지나 스포츠화의 값비싼 고급브랜드가 잘 팔릴 수 있는 것도 결국은 광고에 기인한다. 수입이 없거나 극히 적은 청소년들의 고급브랜드 구매행위는 충동구매에 기인한 것일 가능성이 많으며, 결국은 과소비일 뿐이다. 과소비 환경 속에서 자라난 청소년들은 장년이 되서도 자신의 경제적 수입을 초과하는

2 〈동아일보〉 2006년 2월 7일자 기사.

구매행위를 일삼기 쉬우며, 더욱이 신용카드의 남용으로 인한 신용불량 상황을 초래하기 쉽다. 충동구매로 인한 과소비는 장기적으로 봤을 때, 국가경제에 마이너스 요인이 되며, 광고를 통해 충동구매와 과소비를 조장한 기업들은 비난을 면하기 어렵다.

온세통신 광고(2000)에서 모델은 마지막 멘트로 "지금 바로"라고 말하면서 소비자의 구매행동을 촉구한 적이 있다. 이 광고가 모든 계층의 소비자를 대상으로 하는 광고이겠지만 청소년을 대상으로 하는 광고에 이러한 식의 표현은 삼가는 것이 좋겠다. 청소년들은 구매충동에 약하기 때문에 건전한 소비문화 창달을 위해서는 결정구(*winning shot*)를 던지는 듯한 카피는 삼가는 것이 좋을 것이다.

광고와 귀족마케팅과의 함수관계

광고가 해외 유명브랜드의 구입이나 사치성 소비재 구매를 촉발시키는지에 대한 논란이 있다. 여기에 대해 정확한 답변을 할 수 있는 사람은 아무도 없겠지만, 광고가 어느 정도는 영향을 미친다고 누구나 대답할 수 있다.

1999년 7월 한국개발연구원(KDI) 부설 국민경제교육연구소는 전국에 20세 이상 1천 4백 명을 대상으로 소비의식을 조사한 결과, 95%가 물건을 구입할 때 상품의 실용성보다 상표의 유명도에 더 신경을 쓰고 있다고 대답했다. 그 당시의 소비풍

〈그림 9-1〉 유명브랜드 선호에 대한 소비자 태도

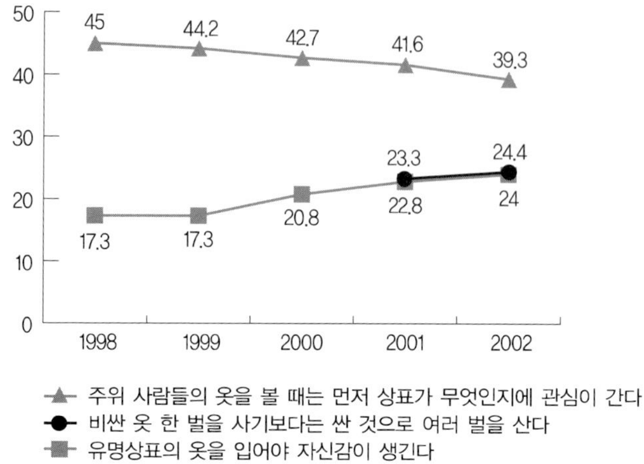

조에 대해 93%가 과소비라고 인정했으며, 그 원인으론 23%가 광고 등에 의한 자극 때문이라고 응답했다. 대략 2000년경부터 각 백화점들은 귀족마케팅에 열을 올렸다. 현대백화점은 2000년 5월 중국 명품차 코너를 개설하면서, 중국 황실에 진상했다는 3천만 원짜리 천량차를 선보였다. 삼성플라자 분당점은 18K 금으로 만든 1천 4백만 원짜리 스카프를 선보인 적이 있다. 누가 봐도 사치성 물건인 이런 브랜드의 유행에 광고가 어느 정도 영향을 미치고 있는 것일까?

유명브랜드의 선호도가 높아지면서 명품을 가져야 자신감이 생긴다는 사람들이 늘고, 이로 인해 브랜드는 쇼핑에서 주요 고려요인이 되었는데, 〈표 9-1, 2, 3〉은 그러한 경향을 보

〈그림 9-2〉 소비자의 구매형태

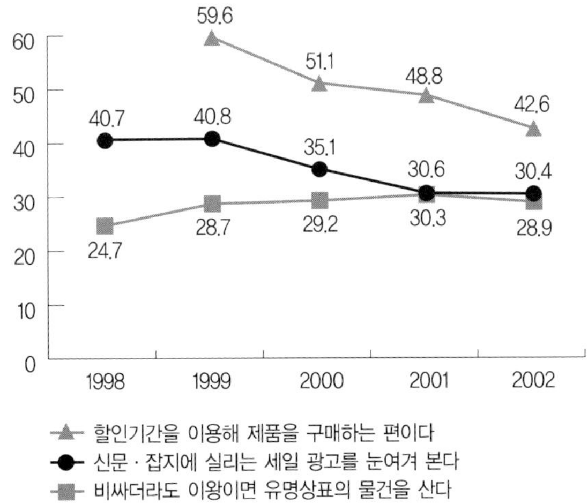

여주고 있는 실례들이다.[3]

쇼핑과 구매, 광고에 대해 나타나는 트렌드는, 패션, 가전, 음식 등을 망라하여 고급화가 하나의 전략이 되고 있으며 소비자들 사이에는 명품바람이 불고 있다. 이왕이면 고급으로 유명한 브랜드로 사는 것이 좋다는 것이 요즘의 추세이다. 〈그림 9-2〉에서 알 수 있듯이, 가격이 비싸더라도 유명상표의 물건을 선호하는 대답이 점차 증가하여 열 명 중 세 명꼴에 이르

3 제일기획 ACR(Annual Consumer Research) 조사: 2002년 5월 10일부터 25일까지 전국 주요 5개 도시에서 남녀 35,000명을 대상으로 실시한 조사임.

〈그림 9-3〉 광고에 대한 소비자의 의식

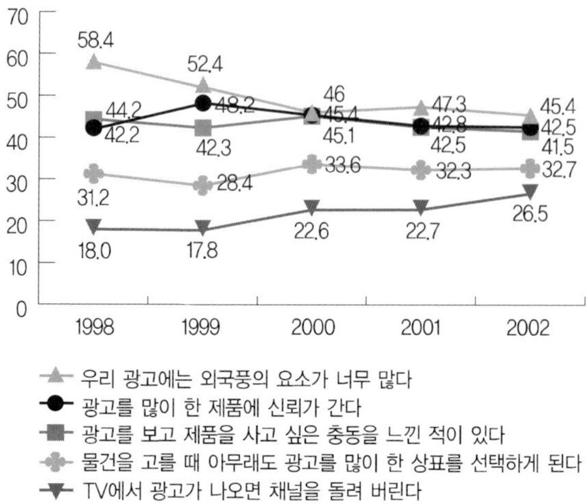

고 있고, 신제품을 남들보다 먼저 산다는 사람도 꾸준히 증가하고 있다. 반면에 할인기간에 쇼핑을 하거나 세일광고를 주의 깊게 본다는 사람은 급격히 감소하는 추세를 보였다.

〈그림 9-3〉에서는 광고가 구매욕구를 부르고 제품선택에 영향을 미친다고 응답한 사람이 열 명 중 네 명꼴로 유지되고 있으며 또한 광고를 많이 한 제품에 신뢰가 간다는 응답도 지속적으로 나타나고 있다.

자본주의 사회에서 소비자들이 고급브랜드를 선호하고 구매하는 것을 절대로 죄악시해서는 안 된다. 구매액수에 한도가 있을 수도 없으며, 구매 자체가 잘못된 것이 아니다. 그러나 고급브랜드 선호선향이 다른 소비자들에게 상대적 박탈감을 가져다줌으로써 사회적 괴리감을 형성하는 것은 바람직하지 못하다. 그러므로 사치성 고급브랜드의 경우에는 4대 광고매체(TV, 라디오, 신문, 잡지)를 통해 광고하기보다 DM류의 광고매체를 통해 구매가능 대상자를 겨냥한 핀 포인트(*pin-point*) 타깃 마케팅을 하면서 조용히 광고하는 것이 사회적으로 바람직한 현상이 될 것이다.

광고와 불공정거래행위

광고는 기업의 이윤창출 및 매출증대를 위해 제작되지만 의도한 바와 달리 엉뚱한 결과를 낳기도 한다. 그런 예들 중에는 비교광고를 잘못해 타 기업에 피해를 주는 불공정거래행위가 들어 있다. 그리고 허위광고와 과대광고를 통해 소비자를 기만하는 행위도 불공정거래행위에 해당된다. 이러한 불공정거래행위들은 결국 매출증대에 혈안에 된 기업주들의 마케팅지상주의가 빚어낸 과실의 결과로 봐야 한다. 광고를 통한 몇 가지 불공정거래행위 사례들을 살펴보자.

부당 비교광고와 불공정거래행위

1997년 11월 일본의 도요타 자동차회사는 메르세데스 벤츠와 BMW와 자사 자동차를 비교하는 광고를 신문에 게재한 바 있었다. 성능을 비교한 광고 때문에 문제된 것은 없었다. 그러나 우리나라의 대표적 경차였던 현대의 아토스와 대우의 마티즈는 1998년 성능 비교광고를 각각 게재했다가 공정거래위원회의 제재를 받은 바 있다. 부당한 비교광고로 인정받은 것이다. "3기통이 경차냐 4기통이 경차냐"하면서 서로 다투다가 위원회로부터 각각 제재를 받은 것이다. 결국 적을 죽이고 자기만 살려고 하다가 자기도 죽는 셈이 되었다. 경쟁제품을 부당하게 누르며 매출을 증대시키려는 기업의 노력은 "부당한 비교광고"라는 무리수를 두게 되며, 결국 당국의 제재를 받은 후 상당기간 매출침체에 빠질 수밖에 없다.

우리나라에서 비교광고의 효시는 1977년 대한전선과 삼성전자와의 냉장고 광고전이라고 말할 수 있다. 그리고 1980년대 초 펩시콜라의 "펩시첼린지"로 각광을 받았으나 법규의 미비로 곡예를 벌이다가 1999년 공식적으로 비교광고가 허용되었다. 단, 과학적 증거제출 요청이 있을 시 해당 광고주는 자료를 제출해야 함을 전제로 하고 있다. 우리나라의 광고들은 아슬아슬한 경계선을 많이 걸어온 것도 사실이다. 1996년 미스터피자는 "피자, 헛 드셨습니다"라는 카피로 피자헛을 자극한 바 있었고, 롯데칠성 사이다는 코카콜라와 직접 비교하려다 계획을 수정한 바 있었다. 1998년 고려화학 우드피아는 강아지를 든 여자소녀를 앞세워 "우리집은요, 예지네보다 하나네보다 좋아요"라는 카피로 모노륨 광고를 한 적이 있는데, 여기서 "예지네"라는 말은 엘지화학을 상징한다고 볼 수 있고, "하나네"라는 말은 한화종합화학을 의미한다. 요즘 같았으면 어떻게 좋은가에 대한 과학적 증거를 제시해야 했다.

KTF는 PCS폰 초창기 시절에 프리텔광고에서 "정보전화 016"이라는 콘셉트 전환을 가져올 때, 원시인 모델 송강호와 김원희가 고인돌 자동차를 타고 가다 11번과 16번 도로 갈림길에서 PCS에 나타난 교통정보를 보고 16번 도로를 택하는 내용을 내보낸 바 있다. PCS단말기에는 "11번 도로 막힘, 16번 도로 소통원활"이라는 문자가 분명히 보이게 만들었다. 이에 대해 경쟁사인 SK텔레컴은 휴대폰 011을 표적으로 한 것이라고 항의하게 되었고 KTF는 번호를 바꾸는 노력을 기울여야 했다. 더욱 심각한 예로는 컴팩광고가 있다.

1998년 집행된 컴팩광고는 IBM과 법정분쟁까지 가게 되었는데, "지는 IBM이 있으면 뜨는 컴팩이 있다"라는 도전적인 헤드라인이 문제가 되었다. 컴팩 측은 컴팩이 IBM보다 개인용 컴퓨터를 많이 파는 업체라는 사실을 알리기 위해 비교광고를 활용했다고 밝히고 있다. 법원은 객관적 사실에 근거한 비교광고는 허용될 수 있지만, "지는"이라는 표현은 사세나 제품의 판매량이 격감한다는 뜻을 지니고 있기 때문에 정당한 비교광고의 범위를 넘어서는 것이므로 이 문구를 쓰지 말아야 한다고 판시했다. 컴팩이 매출액 기준 세계 제1의 컴퓨터 기업 IBM을 상대로 한 도전적인 광고는 그 당시 비교광고의 허용기준을 명확히 규명해 주었다는 점에서 의의를 찾을 수 있다.

2006년에도 소주광고가 불꽃 튀는 접전을 벌인 바 있다. "참이슬"과 "처음처럼" 소주를 광고하면서 서로 부당하게 비교한 진로와 두산이 모두 공정거래위원회로부터 시정명령을 받았다. 공정위에 따르면 2006년 7월과 8월에, 진로소주 측은 '인공소주 대 참이슬'이라는 신문광고 등을 통해 "참이슬"을 "처음처럼"과 비교하며 "처음처럼"이 전기분해 제품이라는 사실을 알리며 "쯔쯔 아프겠다", "전기충격" 등의 표현을 사용해 전기 감전의 이미지를 전달했다. 두산도 2006년 8월, '따라올 테면 제대로 따라오라'는 신문광고 등에서 "처음처럼"만이 우월한 알칼리성 소주인 듯, "참이슬"은 짝퉁 알칼리 소주로 느껴지게 광고한 바 있었다.[4]

미국도 연방공정거래위원회(FTC)가 1972년 전면적 비교광고를 허용한 바 있었다. 경쟁사 제품의 실제 브랜드 이름을 거명 비교할 수 있도록 허락했던 것이다. 이런 비교광고를 허락한 이유는, 비교광고가 소비자의 구매의사결정에 유용한 정보를 제공함으로써 도움이 된다는 것이며, 제품간의 경쟁촉발이 제품의 질 향상에 자극제가 될 수 있기 때문이다. 비교광고 시 소비자의 관여도가 높아져, 광고주에게도 많은 도움이 될 수 있다고 FTC는 내다보았던 것이다. 우리나라에서는 1999년 공정거래위원회에 의해 비교광고가 허용된 후에 2001년에 진실 전달을 전제로 경쟁업체나 경쟁 브랜드의 이름을 거명할 수 있

4 〈이데일리〉 2007년 5월 24일자 기사.

도록 허가한 바 있다. 마케팅 지상주의에 빠져 있던 광고주들에겐 좋은 지침이 되었을 것이다.

허위광고, 과대광고로 인한 소비자 기만행위

또 다른 형태의 마케팅 지상주의는 허위광고나 과대광고로 인한 소비자 기만행위이다. 허위와 과대광고의 유형을 살펴보면 첫째, 가격을 부풀리는 사례이다. PC광고에서 부가가치세 별도와 모니터 등 부수물품 가격 별도란 말을 빼거나 교묘히 작게 보이도록 하여 마치 저렴한 제품인 양 소비자를 현혹시키는 경우가 있다. 또한 백화점 세일광고에서 모든 상품이 해당되는 것처럼 보이도록 광고하지만 실제로는 많은 품목이 세일대상에서 제외된 경우가 있기도 한다. 두 번째 사례는 효과를 과장하는 사례이다. 건강식품, 다이어트 식품 및 정수기 광고에서 흔히 발생하는 경우인데, 제품의 효능을 과장하는 것은 소비자를 기만하는 것이요 마케팅지상주의에 빠진 광고주들의 구악이다. 세 번째 사례는 부작용을 표시하지 않는 사례이다. 일부 화장품이나 의약품, 운동기구의 광고에서 나타나는 현상이다.

한국광고연구협의회가 제정한 광고윤리강령에 보면, "광고표현은 진실해야 하며, 허위나 과대한 표현으로 소비자를 현혹시키지 않아야 한다"는 조항이 있다. 특히 문제가 되는 것은 허위구인광고이다. 인신매매로까지 연결되는 이런 광고는 자본주의 사회에서 광고가 사회에 끼칠 수 있는 최대의 해악이다. 노동부도 종종 광고를 규제할 때가 있는데, 허위광고의 경우가 그 예이다. 노동부는 2000년도에 전국 253개 시군구와 46개 지방 노동관청을 통해 허위 구인광고에 대한 집중단속을 실시한 바 있었다. 단속대상은 생활정보지, 직업정보지, 일간지, 옥외부착광고 및 인터넷 구인광고 등 이었으며, 노동부는 허위 구인광고 여부를 조사한 후 직업안정법 위반사실이 있는 광고주에 대해 5년 이하의 징역 또는 2천만 원 이하의 벌금을 부과한 적이 있다. 또한 노동부는 사람을 모집한다고 가장한 채 물품을 팔거나 수강생 모집 또는 부업을 알선하는 허위 구인광고의 경우에도 강력한 규제력을 발동하였다.

한국광고자율심의기구는 1998년에 허위 과장광고로 인해 제재결정을 받은 인쇄매체 광고가 모두 1,001건으로 전년의 678건보다 48%나 늘었다고 밝힌 바 있었다. 제재사유로는 소비자를 오도, 기만하는 표현이 37%로 가장 많았고, 근거 불확실한 자료인용이 21%, 식품을 의약품으로 혼동할 우려가 있는 표현이 10%였다. 이 기구는 특히 IMF 이후 실업자를 겨냥한 각종 창업관련 허위 과장광고가 늘었고, 불안한 사회상을 반영한 점술광고와 기사형태의 불법 의료광고도 급증했다고 설명했다. 이러한 사이비성 광고는 물론 대기업에서 행하는 광고는 아니지만 그 광고의 양으로 볼 때, 사회적 폐해가 매우 심하기 때문에 정부의 적절한 조치가 필요하다고 본다. 심지

〈그림 9-4〉 표시광고법 위반행위 조치 실적

(단위: 건)

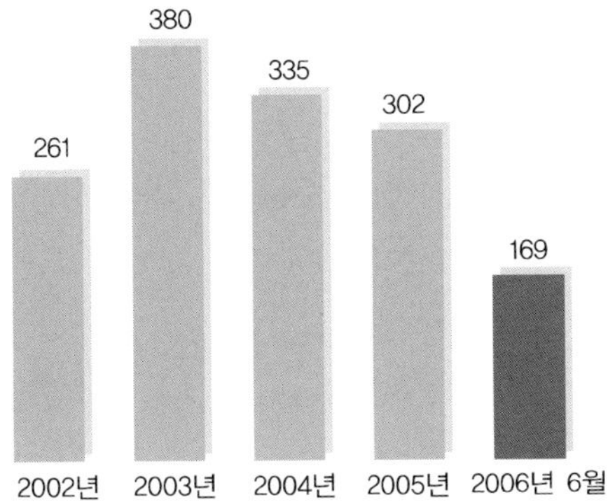

자료: 공정위.
*표시광고법상 4개 유형(허위·과장, 기만, 부당비교, 비방) 포함

어 이런 광고를 실어주는 매체에도 일견 책임이 있다는 생각을 해보게 된다.

공정거래위원회가 제정한 〈표시광고법〉에 의하면, 이 법을 위반하는 광고의 유형을 4가지로 묘사하고 있다. "허위, 과장 광고"가 그 첫 번째이고, "기만광고"가 두 번째이며, "부당비교 광고"가 세 번째이고, "비방광고"가 네 번째이다. 그런데 이런 종류의 광고들이 최근 몇 년 사이 다소 줄고 있어 그나마 다행으로 여겨진다. 〈그림 9-4〉를 보면 그 사실을 알 수 있다.[5]

광고는 자본주의 사회의 필수품에는 틀림이 없다. 하지만

5 〈세계일보〉 2007년 6월 4일자 기사.

아무리 좋은 보도(寶刀)라도 올바른 곳에 쓰이지 못하면 살인무기가 될 수 있는 것처럼, 광고가 마케팅 지상주의자들의 사리사욕을 채우기 위한 도구로 전락하고 만다면 비극이 아닐 수 없다. 품위를 지키고 경쟁사와 경쟁제품의 입지도 고려해 주면서, 자기 브랜드를 효과적이면서도 설득적으로 소비자의 뇌리에 박히게 할 수 있는 전략을 가진 광고가 우리에게 필요하다. 검은 밤하늘을 섬뜩한 섬광으로 가르는 번개처럼, 소비자의 브레인을 순식간에 스쳐 지나가는 예리한 칼날 같은 전략을 지녔으면서도 품위를 잃지 않는 광고가 꼭 필요하다. 마케팅 지상주의자들은 이러한 광고철학을 놓치기 쉽다. 특히 인신매매로 이어지는 허위 구인광고를 필사적으로 막아야 하며, 이것을 무책임하게 게재해 준 매체에게도 책임을 지워야 한다. 광고에 있어 마케팅 지상주의는 가고 마케팅 공존공영주의가 와야 한다.

10

담론분석

메시지의 탄생과 관계설정의 지도 그리기

하루에도 수십 편씩 새로운 광고들이 등장한다. 우리는 그동안 수만 편의 광고들을 알게 모르게 보아왔다. 수용자들은 좀처럼 눈길을 주지 않는데도 광고 신생아들은 제발 좀 지켜봐 달라며 떼를 쓰며 아우성이다. 우리가 숨 쉬는 공기는 산소, 수소, 질소, 그리고 광고로 이루어졌다는 말도 있지만 세상에 광고를 보려고 애쓰는 사람들은 없다. 그 많은 광고들은 다 어디 갔을까? 문제는 수용자와의 관계설정이다. 광고의 일차적인 기능은 고지에서 설득으로, 설득에서 다시 관계설정으로 그 개념이 바뀌어왔다. 광고 창작자 입장에서 아무리 그럴듯한 광고 메시지를 개발했다 하더라도 수용자가 의미심장하게 받아들이지 않는다면 수용자와 연속적인 이웃관계를 형성할 수 없게 되고, 결국 브랜드 자산을 구축하지 못한 채 사라지게 될 뿐이다.

이웃관계(*voisinage*)란 무엇인가? 푸코(Michel Foucault)는 어떤 관계들이 일정한 범위 내에서 형성, 분화, 변환되는 과정에서 그 연결작용이 연속적인가 불연속적인가 하는 이웃함의 양태가 이웃관계라고 설명한다.[1] 이를테면, 종로3가 지하철역과 버스 정류장은 거리는 매우 가깝지만 불연속적인 이웃관계를 유지하는 데 비해, 종로3가 지하철역과 종로5가 지하철역은 거리는 더 멀지만 연속적인 이웃관계를 유지한다는 것이다. 광고 메시지와 수용자를 연속적인 이웃관계로 만들기, 바로 이 과정에서 담론분석(*discourse analysis*)이 효과를 발휘한다.

담론분석이란 인간활동이 낳은 모든 유형의 언어적 산물을 대상으로 언어 사용자의 의도를 관철하고, 의미를 창출하며, 목적을 이루어가는 과정을 분석하는 접근방법이다. 임태섭과 김광수(1993)는 담론분석의 영역을 구조적 관심, 기능적 관심, 인지적 관심, 문화적 관심, 기호학적 관심, 이념적 관심 같은 6가지 영역으로 구분하였다.[2]

담론분석 방법은 러시아 형식주의자들의 민담분석 이후, 텍스트의 서사구조를 밝혀내기 위해 보다 정교하게 발전시킨 방

---

1 C. Gordon 편, 홍성민 역(1991). 《권력과 지식: 미셸 푸코와의 대담》, 나남출판, 228~290쪽.

2 임태섭·김광수(1993), "광고 메시지의 질적 접근: 담론분석을 중심으로", 〈광고연구〉 21, 327~366.

법인데, 이때 언론학의 능동적인 수용자 개념과 언어학의 변형 생성 문법이 이론의 발전에 큰 기여를 하게 된다. 담론이란 용어는 담론에 대한 메타담론이 나올 정도로 유행해서 어떤 단어 뒤에 붙여도 말이 되는 접미사의 반열에 오르게 되었으며 동시에 여러 학문분야에서도 다양한 의미로 쓰이고 있지만 너무 마구잡이로 쓰이는 경향이 짙다.[3]

담론에 대한 가장 일반적인 정의는 문장보다 덩어리가 큰 언어적 진술을 지칭하는 언어학적 정의이다. 담론이라는 용어 자체가 명사이기도 하고 동사이기도 하다. '언어'라는 명사가 흔히 하나의 사물을 의미하는 데 비해 담론은 일종의 행위개념으로 작용하기 때문에 담론이란 결국 의미를 만들어내고 재생산하는 사회적 과정이라 할 수 있다.[4] 담론들은 구조화되고 상호 연관되며 보다 광범위한 지지를 얻으려고 경쟁하기 때문에 권력관계에 비유되기도 한다.

담론분석 방법으로 광고를 비평할 때는 텍스트의 내용이나 이데올로기에는 거의 주의를 기울이지 않는다. 반면에 광고 메시지를 구성하는 담론의 구조와 전달형식을 분석한 다음, 수용자와의 관계설정 같은 구성요소간의 맥락을 깊이 있게 탐색한다. 따라서 담론분석에서는 커뮤니케이션 효과에 관심을

---

3 김병희 · 한상필(2001), "광고 Headline의 담론 구성에 관한 연구", 〈한국언론학보〉 45(특별호), 41~69.

4 Guy Cook(1996), *The Discourse of Advertising*. London: Routledge.

기울이기보다 광고 창작자와 수용자 사이에서 주고받는 메시지의 상호작용은 물론 주어진 맥락에서 담론을 지배하는 언어학적 규칙이나 관습에 대해 더 많은 관심을 기울이게 된다.

담론분석 방법에서는 담론 구성체(*discursive formation*)를 찾아내는 게 비평의 출발점이다. 담론 구성체란 푸코(Foucault)가 제시한 개념으로 지식의 존재양식이라고 할 수 있는데,[5] 이론과 과학 및 객관적 지식 같은 지식의 단위를 전면 부정하고 나타난 언어작용 규칙들을 설명하기 위해 사용된다. 이를 광고에 적용하면 일반적 광고관련 지식을 모두 배제한 상태에서 광고 메시지가 수용자에게 영향을 미치는 특별한 작동방식에 주목하는 것이다. 메시지의 서술과 커뮤니케이션 과정을 보편적으로 설명하는 채트먼(Chatman)의 모형을 살펴보자. 채트먼은 커뮤니케이션 현상을 기호학적으로 설명한 부스(W. C. Booth)의 이론을 바탕으로, "실제 작가→내포된 작가→(화자)→(청자)→내포된 독자→실제 독자"라는 담론의 구조모형을 제시하였다.[6] 이를 카피창작 및 그 수용상황에 적용하면 다음과 같다.

> 카피라이터 → 광고물(내포된 카피라이터→내포된 수용자)
> → 광고 수용자

---

5 미셸 푸코, 이정우 역(1992), 《지식의 고고학》, 민음사.

6 Chatman, S.(1978), *Story and Discourse*. Ithaca, New York: Cornell University Press.

이때, 실제 작가와 실제 독자는 서술구조에 간접적으로만 참여할 뿐이며, 메시지의 내용과 구조를 통제하고 규칙을 만드는 것은 내포된 작가이며, 내포된 독자는 내포된 작가가 실제의 작가와 구분되는 것처럼 실제독자와 구분되는 텍스트적 구성(*construction*)이다(이수연, 1999). 그러나 채트먼의 모형은 담론과정의 역동적이고 구체적인 요소를 무시하고 있어서 광고의 담론분석을 위한 적절한 방법은 아닌 듯하다.

이에 비해 방브니스트(Emile Benveniste)는 담론분석에서 일상적인 언어행위에 주목해야 한다는 점을 강조한다. 담론이란 말하는 자와 듣는 자를 가정하는 모든 발화, 그리고 말하는 자가 어떤 방식으로든 타인에게 영향을 주고자 하는 의도[7]이기 때문에, 서사분석과도 맥락을 같이 한다. 이때, 가장 중요한 전제는 담론은 언어나 주체와 필연적으로 얽혀 있기 때문에 별도로 분리해서 생각해서는 안 된다는 점이다. 이를 광고의 상황에 적용하면 광고 메시지는 주체에 의해 표현되기 때문에 메시지에 의해 주체가 활성화되는 순간에 이웃관계가 형성된다고 하겠다.

방브니스트의 모형은 담론분석으로 광고를 비평할 수 있는 대표적인 방법이다. 이 모형에서는 실제작가(광고 창작자)보다

7 Benveniste, E. (1985), "The Semiology of Language", in Robert E. Innis(ed.), *Semiotics: An Introductory Anthology*, Bloomington: Indiana University Press, pp. 22~250.

담론순간(*instances of discourse*)의 효과가 서술의 주체가 되기 때문에 수용자의 반응을 중시하는 광고 메시지의 구성원리와도 일치한다. 방브니스트가 말한 담론적 상황에서는 두 가지 종류의 주체가 존재한다. 즉, 지시하는 나인 지시소(指示素)로서의 나(referent: *I of enunciation*)와 지시 안의 나인 피지시소(被指示素)로서의 나(referee: *I of statement*)가 그것이다.[8] 이때, 피지시소인 나는 담론의 순간을 발화하는 내가 동일시하는 담론적인 요소로 구성되어 있다. 이를 광고의 맥락에 적용하면 광고 메시지에 참여할 수용자 상황을 고려하여 수신자로서의 나(receiver: *I of participant*)라는 주체가 존재할 수 있다. '고지 → 설득 → 관계설정'이라는 광고의 개념변화를 고려할 때 일방적인 광고 메시지는 수용자의 공감을 유발하기 어렵다. 수용자들이 자발적으로 광고 메시지 구성에 참여하여 메시지를 완성하는 순간에 비로소 광고담론은 수용자와의 연속적인 이웃관계를 지속하는 것이다.

결국, 지시소로서의 나와 피지시소로서의 나, 그리고 광고에 참여하는 수신자로서의 나가 동일한 주체성을 공유하는 순간에 광고효과가 나타난다고 하겠다. 광고 창작자들은 그런 상황을 기대하지만 안타깝게도 현명한 소비자들은 쉽사리 포

8 이수연(1999), "텔레비전 담론의 이해", 《텔레비전 문화연구》, 한나래, 259~287쪽.

섭되지 않을 뿐더러 광고 메시지가 광고 창작자의 의도대로 침투되지도 않는다. 따라서 광고표현에 있어서 '무엇을 말할 것인가'(*What to say*) 보다 '어떻게 말할 것인가'(*How to say*) 와 '어느 때 말할 것인가'(*When to say*)를 더 신중하게 고려해야 한다는 논리가 성립된다. 같은 광고 콘셉트라 하더라도 표현기법은 달라질 수 있으며 선택되는 아이디어에 따라 담론 구성체도 다르게 존재하기 때문이다.

예컨대, GM대우 윈스톰 광고 '사자' 편(2007)을 보자(〈광고 10-1〉 참조). 이 광고에서는 탤런트 송일국이 등장하여 "내 가슴엔 사자가 산다"고 말한다. 야성의 매개체는 윈스톰 익스트림이다. 방브니스트 모델에 기대면 이 광고에서 지시소로서의 나는 광고 메시지를 전달하는 주체인 모델 송일국이며, 피지시소로서의 나는 광고에서 사자와 함께 서서 야성을 구현하는 객관화된 '나'이다. 또한, 송일국이 전달하는 메시지에 공감하는 수용자들은 수신자로서의 '나'가 된다. 광고표현의 적절성 여부에 따라 세 갈래로 나뉜 '나'의 주체의식이 일체감을 확보할 수도 있고 그렇지 않을 수도 있는 것이다. 거친 벌판에서 사자와 함께 서 있는 송일국의 모습은 표정연기만으로도 강한 남자의 일상을 보여준다. 더욱이 "너는 아직 피가 뜨거우며 / 결코 길들여지지 않는다"라는 카피가 "SUV를 넘어라 — 윈스톰 익스트림"이라는 핵심 광고주장과 만나는 담론의 순간, 담론 구성체는 광고 수용자와의 이웃관계를 시도하게 된다.

이 광고에서는 송일국이라는 빅 모델을 활용하고 있다. 그러나 이 기법이 과연 지시소-피지시소-수신자 사이에 동일한 주체성을 형성하는 최적의 방법이라고 장담할 수 있을까? 이 광고물 이전에 수십 개의 아이디어가 있었을 텐데, 광고 창작자들은 그 중에서 빅 모델 전략을 선택했을 것이다. 지킬 박사와 하이드 씨가 둘이 아닌 하나이듯이 광고전략과 표현 역시 둘이 아닌 한몸이나 마찬가지다. GM대우 윈스톰 광고 ‘사자’ 편은 잠정적으로 최적의 광고물에 불과하다.

〈광고 10-1〉 GM대우 윈스톰 광고 ‘사자’ 편

이 방법 말고도 ‘자신 있게 사는 남자’라는 동일한 콘셉트를 유지하되 실증형, 증언형, 유머형, 비교형 같은 다른 기법으로 표현할 수 있다. 하나의 기법을 선택했다는 것은 그 밖의 다른 여러 가지 기법을 배제시켰다는 의미이다. 광고 창작자들은 선택의 법칙을 중시하기보다는 배제의 법칙을 준수할 때 자

〈광고 10-2〉 '수녀와 스님' 편

기 동일성을 형성할 가능성이 높아진다. 다시 말해서 좋은 광고시안을 선택하는 데 초점을 맞추기보다 좋지 않은 쪽을 버리는 방식이 담론 구성체의 이웃관계를 형성할 가능성이 높다고 하겠다.

또한, SK텔레콤 기업PR 광고 '수녀와 스님'편(2002)을 보자(〈광고 10-2〉 참조). 이 광고에서는 "사람과 사람 그리고 … 행복한 커뮤니케이션"이라는 카피가 가장 주목을 끈다. 이 카피는 행복한 커뮤니케이션을 통해 그렇게 하겠다는 메시지로 수용자의 공감을 유발할 가능성이 크다. 이와 같은 담론의 순간에 수용자들은 자발적으로 '수신자로서의 나'라는 존재를 인식할 것이다.

그러나 이 카피만이 유일한 정답일까? 이 광고 역시 광고 창작자의 판단에 따라 얼마든지 변화무쌍하게 달라질 수 있다. 담론의 순간을 매우 중요시한 방브니스트는 표현(발화) 형식이 담론의 효과를 담보하는 것으로 보았다. 다시 말해서, 텍스트가 수용자와 만나는 순간에 비로소 담론은 의미를 발생하고 수용자의 수용 여부에 따라 의미의 포물선이 다르게 그려지게 된다는 뜻이다. 광고 창작자들은 SK텔레콤이 이동통신업계의 선두주자라는 점에서 "맏형으로서의 커뮤니케이션 철학"이라는 광고 콘셉트를 도출하게 된다. 이는 상품의 특성을 시시콜콜 전달하기보다 업계 1위라는 맏형 같은 넉넉한 마음을 보여줌으로써 의미의 포물선을 보다 넓게 그리겠다는 의도나 다름없다.

이런 효과를 기대하기 위하여 "사람과 사람 그리고 … 행복한 커뮤니케이션"이라는 핵심카피를 썼는데 이는 최선의 카피일까? 세상에 최선의 카피란 없다. 광고 메시지에 반발하는 소비자들을 생각해보라! 얼마든지 다른 스타일로 카피를 쓸 수 있기 때문에 카피라이팅에서는 정형화된 형식이란 없다고 보는 것이 마땅하다. 카피의 우열은 결국 카피가 소비자들의 가슴속에 얼마만큼의 브랜드 자산을 구축하느냐의 여부에 따라 결정된다.

헤드라인 유형에 대한 여러 선행연구를 종합하여 우리나라 광고 헤드라인의 유형을 분석한 김병희(2007)에 의하면, 광고 헤드라인의 유형은 ① 설명형, ② 혜택형, ③ 실증형, ④ 경고형, ⑤ 유머형, ⑥ 정서형, ⑦ 뉴스형, ⑧ 호기심형, ⑨ 제안형으로 구분할 수 있다.[9] 이밖에도 여러 가지 헤드라인 유형이

〈표 10-1〉 헤드라인 유형에 따른 헤드라인의 변화

유 형	헤드라인
설명형	"더 가깝게 만나는 방법이 있다"
혜택형	"만나면 통해요"
실증형	"보이지는 않지만 늘 곁에 있습니다"
경고형	"사람과 사람 사이가 멀어진다면…."
유머형	"이분들 지금 제 정신이야?"
정서형	"사람과 사람, 그 아름다운 이야기가 있다"
뉴스형	"사람들 사이가 더 가까워지고 있습니다"
호기심형	"사람과 사람을 이어주는 보이지 않는 끈"
제안형	"사람과 사람 그리고… 행복한 커뮤니케이션"

있을 수 있겠지만 대체로 일반화가 가능한 것이 이상의 9가지라는 것이다. SK텔레콤 '수녀와 스님' 편 광고의 핵심 메시지인 "사람과 사람 그리고 … 행복한 커뮤니케이션"이라는 카피는 제안형에 해당되는데, 이 카피를 나머지 8가지 헤드라인 유형으로 변화시켜 보면 〈표 10-1〉과 같다.

광고 콘셉트는 절대로 흔들려서는 안 되는 지침이지만 카피의 표현형식은 이처럼 얼마든지 달라질 수 있다. 언제 말할 것인가에 따라서, 영상 아이디어가 어떻게 전개되느냐에 따라

9 김병희(2007), "광고 헤드라인의 유형분류에 관한 연구", 〈광고연구〉 75, 9~34쪽.

서, 경쟁 브랜드의 표현전략에 따라서, 사회적인 쟁점에 따라서, 수용자의 광고기호에 대한 해독방식에 따라서 천차만별의 담론 구성체가 존재할 수 있는 것이다. 이때 최적의 담론 구성체를 선택하는 원칙은 여러 가지 광고환경들을 고려하여 연속적인 이웃관계를 형성할 수 있는 기법이나 형식을 가장 먼저 고려해야 한다는 점이다.

푸코(Foucault)는 언어와 경험 사이에는 인지나 언어화를 형성할 수밖에 없는 규칙성이 존재하는데 이를 두고 '담론의 질서'라 불렀거니와, 광고담론의 질서는 수용자가 상품 메시지를 인지할 때나 수용자의 경험이 카피의 맥락과 상호작용을 일으켜 '나'에게 필요한 이야기로 변형·생성되는 순간에 상품미학과 수용자의 욕망 사이에서 의미 있는 규칙들을 구성한다. 푸코 식으로 말하자면, 수십 개의 아이디어 중에서 선택된 광고기법이나 카피형식이 새로운 담론의 질서를 확보하고 담론의 형성과 변환을 가능하게 하는 가능성의 조건들이다.

담론분석 방법은 광고 창작자들에게 유익한 시사점을 제시한다. 광고 아이디어 발상과정에서 광고 창작자들이 입만 열면 강조하는 소비자가 공감할 수 있는 광고창작을 구체화시킬 수 있다. 다시 말해서 수용자로 하여금 어떻게 하면 담론의 순간에 수신자로서의 '나'라는 주체의식을 구성하게 할 것인지가 광고 창작자들의 초미의 관심사로 떠오를 때, 심리학에서 말하는 스키마(*schema*) 개념과 담론의 질서를 동시에 연상하면

아이디어 발상에 큰 도움이 된다는 뜻이다. 스키마란 우리 머릿속에 들어있는 생각의 네트워크이다. 사람들은 자세한 숫자나 정보를 일일이 다 기억하지 않고 어떤 정보를 각자 나름대로 해석하여 기억의 네트워크 속에서 의미의 다발로 기억한다는 점이 스키마 개념의 핵심이다. 소비자 역시 상품관련 정보를 있는 그대로 기억하지는 않고 생각의 다발로 기억하기 때문에 기억을 활성화시킬 수 있는 담론의 질서를 구성할 필요가 있다. 그렇기 때문에 소비자에 따라서는 "사람과 사람 그리고 … 행복한 커뮤니케이션"이라는 제안형 헤드라인보다 대안으로 제시한 "만나면 통해요"라는 혜택형 헤드라인이 기억을 활성화시키는 생각의 다발이 될 수도 있다.

담론분석은 광고 메시지의 탄생과정에 초점을 맞추는 유용한 방법이다. 생산자가 물건을 만들어 낸 순간부터 창고에 보관하기까지는 그 물건은 제품(製品)에 불과하지만, 그 물건이 시장에 나와서 소비자를 만나는 순간에야 비로소 상품(商品)으로 다시 태어난다. 소비자의 손에 들려 진열장을 떠나는 순간에 상품의 새로운 일생이 시작된다. 이와 마찬가지로 광고 메시지 역시 수용자의 주체구성이 있을 때에 비로소 자신에게 의미 있는 가치를 준다는 의미망을 형성하게 될 것이다.

광고비평가가 담론분석 방법에 기대어 광고비평을 할 때는 메시지의 탄생을 도와주는 산부인과 의사 같은 산파역을 충실히 수행해야 한다. 광고비평가는 '광고의, 광고에 의한, 광고를 위한' 여러 가지 담론 구성체에 대하여 비판적인 메스를 가하면서도 광고 창작자들과 광고 수용자들이 커뮤니케이션 메시지의 다발을 통해 연속적인 이웃관계를 맺을 수 있는 구체적인 대안을 제시하는 미덕을 발휘해야 한다. 그래야 소비자와 브랜드의 관계설정에 있어서 충실하게 길 안내를 하는 광고비평으로 자리매김할 수 있을 것이다.

11

정신분석학적 비평

초과실재와 가상현실 속에서 성취하는 현재적 카타르시스

✷

1856년 5월 오스트리아와 헝가리 국경지대 모라비아의 유대인 가정에서 태어난 지그문트 프로이트(Sigmund Freud)는 1896년 '정신분석'(*psychoanalysis*)이란 말을 처음으로 사용함으로써 정신분석학 발전의 계기를 마련한 인간 정신세계의 탐구자이다. 정신분석학이 시작된 지 110년이 지난 지금, 프로이트는 인간을 연구하는 현대 학문에 코페르니쿠스적 대전환을 가져온 위대한 사상가로 손꼽히고 있다.

프로이트의 인간 정신세계에 대한 연구는 다분히 의학적이다. 왜냐하면 실제 그는 1886년 신경질환에 대한 상담 및 신경병리학자로서 의술활동을 시작한 바 있기 때문이다. 특히, 의사로서의 프로이트는 히스테리 환자들을 치료하면서 정신분석학이란 학문을 체계화했으며, 1939년 영국에서 사망할 때까지 인간의 정신세계를 연구하게 되었다. 프로이트는 인간의 심적 에너지(*psychic energy*)인 인성(人性)이 원본능(*id*), 자아(*ego*) 및 초자아(*superego*)로 이뤄졌다고 분석했다.

그는 이외에도 인간 정신세계에 대한 수많은 개념과 분석의 틀을 제시하면서 인간을 정신적으로 해부하고 있다. 하지만 프로이트는 인간을 너무 본능에 의해 좌우되거나 연관되어진 존재로만 파악했다는 비난도 받고 있다. 이 글에서는 프로이트가 제시한 인간 정신세계에 대한 여러 개념 중 몇 가지만 추려서 광고를 비평하는 잣대로 삼아보기로 하자.

원본능과 자아, 그리고 광고표현[1]

프로이트는 인성을 원본능(*id*)과 자아(*ego*)와 초자아(*superego*)로 분류했는데, 광고와 주로 관련이 있는 부분은 원본능과 자아이다. 원본능은 욕구충족에 필요한 대상의 심상(心象)을 형성하는 데 작용하는 심리적 1차 과정(*primary process*)을 통해 형성된 인성인데, 인간을 긴장으로부터 해방시켜 주는 자유의지적 자아로 분석될 수 있다. 다소 감성적이고 충동적 자아로 분류된다. 이에 반해 자아는 사고나 추리 등을 거쳐 전개되는 행동계획에 따라 대상을 발견함으로써 이뤄지는 2차 과정(*secondary process*)을 통해 형성되는데, 다소 규율순응적 자아이며 논

1 지그문트 프로이트 전집(전20권/1997), 도서출판 열린책들, 부분발췌.

〈광고 11-1〉

리적, 이성적 자아라고 말할 수 있다. 프로이트는 인간이 주로 원본능에 의해 좌우되기 쉽다고 설명하면서 이것을 규제하기 위해선 쾌락원칙(*pleasure principle*)이 필요하다고 주장했다. 자아는 주관적 심상과 객관적 대상과의 분리에서 비롯될 수 있는데, 현실원칙(*reality principle*)에 의해서만 규제될 수 있다고 여겨진다. 자아가 효과적으로 작동하지 못하게 되면, 인간은 자폐적 사고(*autistic thinking*)와 소원적 사고(*wishful thinking*)에 의한 1차적 과정이 재발동하게 된다. 정신장치가 기능하는 방식이 원천적이거나 일차적인 방식으로 된 1차적 과정은 부착(*cathexis*)의 유동성(流動性)이 심한 과정이다. 여기서 '부착'이라 함은 정신적 집중이나 집착을 의미하는 말인데, 어떤 사람이나 사물의 정신적 대표물에 향하거나 그 대표물에 소속되는 정신적 에너지의 양을 가리킨다. 이것은 독일어의 '베쎄충'(*besetzung*, 점령)과 같은 말이다. 이러한 인간의 부착 성향에 유동성을 가함으로써 원본능에 의해 쉽게 지배받도록 하는 힘이 있는데, 이것을 '충동'이라고 한다. 프로이트는 〈쾌락원칙의 저편〉(*Beyond the Pleasure Principle*, 1920)에서 인간에겐 성적 충동(*libido*)과 공격적 충동, 파괴욕(*destrudo*)이 있다고 설명했다. 이런 충동이야말로 인간으로 하여금 본능에 지배받도록 하는 원인이 될 수 있다.

〈광고 11-2〉

광고 창작자들은 소비자를 충동에 의해 지배받도록 유도하는 경향이 있다. 원본능에 의해 움직이는 인간, 즉 여러 가지 충동거리에 의해 자아(*ego*)에 의한 이성적 사고보다 감성적 본능에 지배당하는 인간이 많이 나올수록 광고주들에겐 희망적이다. 공격적 충동 혹은 파괴욕은 인간이 갖고 있는 원본능이 더욱 자유의지대로 움직이도록 만드는 동인(動因)이 되는데, 특히 이런 충동들은 인간의 물욕(物慾)과 연관되고, 공격적 충동은 물욕과 관련되며, 물욕은 소유욕(所有慾)과 통한다.

광고주가 광고를 통해 프로이트가 간파한 인간의 공격적 충동을 자극할 수 있다면 그 인간은 자아를 억압(*repression*)할 수 있는 현실원칙을 깨뜨리고 1차 과정으로 회귀하여 원본능에 의존하게 됨으로써 자유분방한 공격적 소비성향에 대한 자기 충족적 정당성을 부여받게 된다. 특히 신용카드 같은 손쉬운 결제방식이 광고의 영향력에 편승하여 소비자로 하여금 더욱 충동적 소비성향을 지향하게 만든다. 〈광고 11-1〉과 〈광고 11-2〉는 젊은 소비자들의 공격적 충동을 자극함으로써 청바지 매출을 증대하려는 의도가 보이는 광고이다. 또한 광고중에 인간의 자유의지를 충동하는 메시지가 많이 눈에 뜨인다. 젊은이들은 특히 원본능에 의해 통제당하기 쉬운데 광고주들이 즐겨 쓰는 카피는 '자유'(*freedom*)이다. 〈광고 11-3〉, 〈광고 11-4〉의 인쇄광고와 CF가 그 사실을 구체적으로 증명해준다.

원본능에 의해 지배받는 소비자는 광고주의 영원한 애인이다. 미국의 작가 버긴은 1976년 《소유》라는 저서에서, 자본주의 사회의 광고전략은 부의 불균형이라는 냉혹한 현실을 환상과 소망의 화사한 베일 뒤에 감추는 것이라고 주장했다. "인간의 결코 통제되지 않는 욕망이 광고에 의해 충동을 일으키는가?"라는 물음에 대해 답할 수 있는 길은 "인간이 자아의 사슬을 끊고 얼마만큼 쾌락의 원칙에 충실할 수 있는지"를 밝힐 수 있는 방법을 과학적으로 찾는 데 있다.

〈광고 11-3〉

〈광고 11-4〉

여) 나, 음악 듣고 싶어.

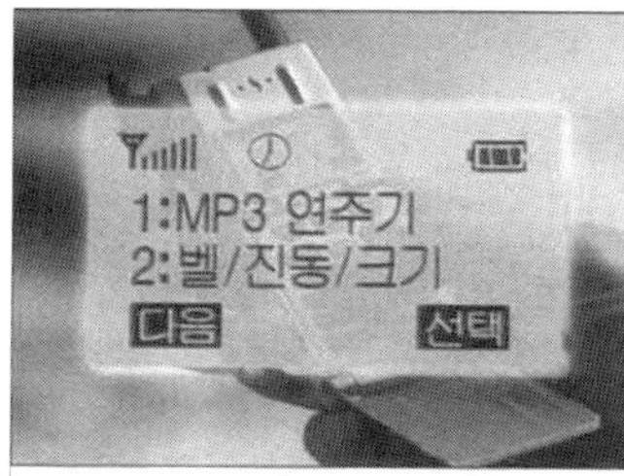

BGM) ♬

Ment) 강한 전파 017

Ment) 널 가지면 자유가 된다.

BGM) ♬

파워 디지털 017

성적(性的) 충동과 광고의 자극[2]

인간이 갖고 있는 성본능의 에너지인 리비도(*libido*)는 우리말론 '성적 충동'으로 번역된다. 리비도는 인간의 원본능에서 프로이트가 성본능을 부각시키기 위해 일부러 사용한 용어이다. 리비도는 삶의 본능(*eros*)과 동일어로 쓰이기도 하며, 자아부착(*ego cathexis*)이 약해진 인간들에게 대상부착(*object cathexis*)이 강화되는 현상이 나타나면서 강하게 작용하게 된다. 리비도의 이러한 원리를 이용하여 많은 광고들이 성적 충동을 일으키는 내용을 담게 된다. 성적 충동을 자극하는 광고는 소비자들의 리비도를 자극하고 대상부착의 의지를 강화시켜 결국 구매의사를 갖게 만드는 역할을 할 것이라고 광고주들은 믿고 있는 것 같다.

그러나 자아부착이 강한 사람들이 성적 충동을 일으킬 만한 광고를 보면 어떻게 될까? 성적 충동을 받은 소비자는 대상부착의 충동을 느껴 결국 그 광고에서 표현된 상품을 구입하게 될까? 문제는, 리비도 자극을 의도하는 광고 창작자들이 이 질문들에 쉽게 답할 수 없다는 것이다. 설사 그들이 그런 원리를 확신한다 할지라도 소비자들의 구매에 리비도 자극용 광고들이 얼마만큼 영향을 미쳤는지 과학적으로 정밀하게 조사하는

---

2 이영자(2000), "소비사회와 여성문화", http://bora.dacom.co.kr/~codex/socio/masscult/, pp. 5~8.

것이 쉽지 않다. 다만 미국같이 시장규모가 큰 국가에서, 캘빈 클라인(Calvin Klein)이 지속적으로 적나라한 섹스어필 광고를 집행할 수 있는 이유는 시장규모 때문이다. 미국 소비자의 10%만 리비도 자극으로 인해 캘빈 클라인 제품을 구입해 준다면 손익분기점을 넘어서 이윤을 창출할 수 있다. 미국 소비인구의 10%와 한국 소비인구의 10%는 큰 차이가 있다. 시장규모의 이유라면 캘빈 클라인에게 면죄부를 줄 수도 있을 것이다. 하지만 지금까지 인간의 리비도를 자극하는 것과 상품구매를 창출하는 것 사이에 인과관계가 밝혀진 바가 없다. 관계가 있을 것이라고 믿을 뿐이지 반드시 관계있다는 이야기는 누구도 못하고 있는 실정이다.

그럼에도 불구하고 리비도 자극용 광고를 계속 생산해 내는 광고 창작자가 많은 이유는 무엇일까? 그것은, 리비도적인 표현만이 브랜드의 인지도를 높이고, 광고의 최대효과를 가져올 수 있다는 그들 나름대로의 환상(*hallucination*)이거나 그렇게 제작해야만 직성이 풀리는 그들 스스로만의 자위행위(*masturbation*)일 것이다. 리비도를 자극하는 광고가 많을수록, 여성의 육체는 물신숭배(物神崇拜)의 대상이 되며, 광고 속에서의 섹스에 대한 상황묘사는 성적 쾌락의 신화가 될 것이다. 〈광고 11-5〉와 〈광고 11-6〉을 보면 리비도의 지나친 자극으로 인해, 성의 자유 형식을 빌려 인간을 또 다른 억압상태에 묶어둘 뿐만 아니라 리비도적 에너지에 대한 사회통제를 강화시키려

〈광고 11-5〉

〈광고 11-6〉

는 "억압적 탈승화"(*repressive desublimation*)의 의도가 엿보인다. 인간을 짐승처럼 리비도의 굴레로만 몰고 가려는 사악한 서커스단장이 돼가고 있는 광고주는 없는가? 자신의 정신세계를 사육사에 내맡기고 동물들처럼 끌려 다니는 소비자는 많지 않은가? 라고 묻고 싶다.

무의식 세계와 광고의 추구

인간에게 무의식 세계(無意識世界)는 존재하는가? 사람에게 있어 무의식(*unconsciousness*) 세계란, 체험한 사실들이 의식의 심층으로 가라앉아 평소에 무의식 상태에 갇혀 있다가 어떤 자극이 있으면 의식의 표면으로 떠오르는 정신활동의 세계를 의미한다. 곧, 꿈이나 최면 따위가 아니고는 의식되지 않는 상태를 말하며 잠재의식이라고도 불린다. 프로이트는 의식을 인간 마음 전체 속에서 볼 때 빙산의 일각에 불과한 것으로 파악했으며, 의식의 밑에는 무의식이 크게 잠겨 있고 의식의 현상은 무의식의 영향권 속에서 이루어지는 것으로 보았다. 심적 상태가 의식적이냐 무의식적이냐는 그 속에 주어져 있는 에너지의 양과 저항하는 힘의 크기에 의해서 결정된다고 프로이트는 주장한다.

고통이나 쾌감의 크기가 역치(閾值, *threshold value*)라고 불리는 어떤 충당치를 넘을 때, 우리는 그때서야 고통과 쾌감을 느끼게 된다. 그러나 충당이 역치를 넘더라도 의식화를 방해하는 반대충당의 금지효과 때문에 감정이나 지각이 의식성을 갖지 못하는 경우도 있다. 지각과 감정은 지금 우리에게 일어나고 있는 사건의 직접적인 경험인 반면에 기억과 관념은 과거의 경험이 마음에 그려진 것이다. 이런 기억과 관념이 의식화되기 위해선 언어의 도움이 필요한데, 우리는 언어가 발달되기 전(영아기 및 유아기)에 발생한 경험들에 대해서는 의식과 기억 속으로 불러내기가 힘든 것이다. 그럼에도 불구하고 그 당시의 경험들은 인격형성에 매우 중요한 역할을 하고 있다고 보는 것이 프로이트의 견해이다.

위와 같이 무의식 세계 속에 축적된 경험들이 어느 시기에 어떤 자극에 의해 의식세계로 표출될 수 있다면, 그런 자극은 인간의 행태를 지배하는 데 중요한 역할을 할 수 있다. 프로이트가 주목한 영, 유아기 때의 무의식 세계뿐만 아니라 성인 이후의 무의식 세계에도 경험을 축적시킬 수 있다면 언젠가는 어떤 자극에 의해 그 경험의 영향력이 의식세계로 표출되어 인간의 행태에 영향을 끼칠 수 있을 것이다. 많은 광고주들이 이러한 원리를 이용하여 광고를 창작하고 있다.

그들은 광고에서 표현된 외시적(*denotative*) 메시지 외에도 소비자들의 무의식 세계에 부지불식간에 투입한 공시적(*connotative*) 메시지가 나중에 어떤 자극(그것은 결국 광고가 된다)에 의해 표출만 될 수만 있다면 소비자는 광고에서 노출한 상품이나 서비스를 쉽게 구매하게 될 것이라는 확신을 갖고 있는 것 같다. 이른바 식역하 광고(*subliminal advertising*) 혹은 잠재의식 광고라고 불리는 광고들은 이와 같은 원리를 이용한 것인데, 하지만 어느 광고주도 이런 종류의 광고를 제작한 바가 없다고 주장하기 때문에 실제 이런 광고의 존재여부는 베일에 싸여 있다.

그러나 현대에도 종종 이런 광고들은 우리 눈에 띈다. 예를 들어, 모 회사의 커피믹스 광고의 경우, 모델은 "내 맘대로 되는 게 없네. … 내 맘대로 되는 게 또 있네"라고 말하는데 그때 커다란 망치와 문구멍 그리고 옆집 남자가 등장하게 된다. 제시된 상품인 커피믹스와 상징적 개념인 "성불만과 성만족"이 한데 어우러지는 광고라고 해석될 수 있다. 물론 광고 창작자는 그런 의도가 없었다고 주장할 수 있지만 해석의 방향에 따라 평소에 성적 불만족을 느끼던 여성들에게 이 광고가 무의식 세계에 있는 그들의 어느 경험을 자극할 수 있는 새 자극의 역할을 함으로써 커피믹스를 구매하는 촉진제 역할을 할 수도 있다고 평가될 수 있다.

코카콜라가 전 세계 시장을 지배할 수 있었던 것은 제품의 질과 마케팅 전략이 우수했기 때문일 수도 있지만 콜라 병의 모양이 여성의 몸매를 상징해서 라고도 볼 수 있다. 이럴 경우 콜라의 패키지(*package*)적 요소는 소비자의 무의식을 파고들 수 있는 자극이 될 수 있다. 현대의 정신분석학자들은 인간의 잠재의식이 꿈, 기억, 적응도, 지각작용, 언어 및 정서에 영향을 미치는 것으로 파악하고 있다. 광고주들은 광고를 통해 소비자의 잠재의식에 영향을 미칠 수 있다면 판매증진에 긍정적 결과가 파생될 것이라고 믿고 있는 것 같다. 그런데 한 가지 아쉬운 것은 소비자의 무의식을 자극하려는 광고주의 시도가 주로 성적 충동(*libido*)과 관계있다는 것이다.

리비도와 관계없는 잠재의식 광고들도 있다. 미국의 2000년 대선에서 조지 부시 공화당 후보 측이 앨 고어 민주당 후보를 비난하면서 내보낸 TV광고는 래츠(RATS: 쥐새끼들)라는 글자가 배경자막으로 처리된 정치광고였다. 30초짜리 이 광고는,

아나운서가 고어의 처방전 의약품 계획 관료들을 비난하는 순간 "RATS"라는 단어가 화면에 깜박거리며 등장한다. 이 자막은 검정 배경에 하얀 글자체로서 전체 화면의 1/3을 차지하지만 순식간에 사라지기 때문에 쉽게 알아챌 수 없다. 민주당 선거운동본부도 알아채지 못했지만 시애틀에 사는 한 시민이 발견함으로써 문제가 제기됐다.

그동안 광고계에서는 순간적으로 지나가는 화면을 반복 노출함으로써 특정 이미지나 메시지를 각인시키려는 암시기법(*implication technique*)을 종종 쓰는 것으로 의심받아 왔는데, 선거광고에서 처음으로 사용사례가 밝혀진 것이다. "RATS"는 관료(*bureaucrats*)의 뒷부분과 민주당원(*democrats*)의 뒷부분 4개의 자음과 일치하는데, "고어의 관료들과 민주당원들은 모두 쥐새끼들"이라는 표의를 함의하고 있다고 볼 수 있다. 그런 암시적 메시지를 감춘 채 자막을 순간적으로 노출함으로써 유권자들의 무의식을 파고들어 기억을 축적시킨 후, 선거 당일에 상기되게끔 함으로써 공화당 후보 부시에게 투표하게 만들려는 속셈이 있었던 것으로 추측된다.[3]

소비자의 무의식 세계를 일깨우는 또 다른 광고가 있다.[4] 독일 폭스바겐 자동차회사의 신차 뉴비틀(New Beetle) 광고는 기

---

3 〈중앙일보〉 2000년 9월 13일자 기사.

4 〈동아일보〉 2000년 7월 12일자 기사(40면); 표문송(2000), 〈대홍 커뮤니케이션즈〉 1/2월호, 8~13.

〈광고 11-7〉

〈광고 11-8〉

호학 측면에서도 분석될 수 있지만 정신분석학 측면에서 볼 때 소비자의 무의식 세계를 자극하려는 의도가 다분히 있다. 이 광고는 40년 전에 나온 광고의 포맷을 그대로 갖고 있다. 레이아웃이 동일하며 헤드라인과 메시지 전개방식이 이전과 흡사하다. 폭스바겐 회사는 40년 동안 전 세계 소비자들의 잠재의식 속에서 꿈틀거리고 있는 명작광고에 대한 기억과 향수를 재활성화할 수 있는 과감한 초청장을 소비자들에게 보내고 있다(〈광고 11-7〉, 〈광고 11-8〉 참조). 헤드라인 "Deja vw"는 "Deja vu"(데자 뷰: 기시현상)로도 읽을 수 있고, "Deja Volkswagen"이라고도 읽혀질 수 있다. "데자 뷰"라는 말은 이전에 본 일이 있는 듯 느껴지는 현상을 뜻한다.

즉, 이 광고는, 40년 전의 폭스바겐을 다시 보는 것과 같은 체험을 하게 해주는데, 이전 것과 유사한 자동차 모델은 소비자들에게 다소 진부하게 보일 수 있다. 광고주는 무의식 세계에 있는 명작광고에 대한 기억과 향수를 의식세계로 표출하게 함으로써 자동차모델의 진부함 — 신차종의 이름은 뉴비틀이지만 이전 것과 비슷한 모양을 지님으로써 다소 진부하게 느껴질 수 있음 — 을 일거에 날릴 수 있는 광고전략을 채택하고 있는 것이다.

12

창작과 비평의 새로운 지평을 위하여

✽

창작이 있는 곳에 비평이 있다.[1] 그러나 비평이 있는 곳에 창작이 적극적으로 함께 있으려고 하지는 않았다. 때때로 광고 창작자들은 광고비평의 기능을 애써 도외시하며 광고비평가의 비판적 진술만을 문제 삼기도 하였다. 또 다른 맥락의 광고비평을 보면 어떤 광고에 대해 칭찬 일변도로 나아가는 '주례사형' 비평은 광고의 홍보를 위해 봉사한 측면도 많다. 어쨌든 어떤 광고의 창작에 관련한 사람들은 광고비평을 달면 삼키고 쓰면 뱉는 경우가 많았다. 이제, 광고창작의 새로운 세계를 열어가기 위해서도 광고비평에 주목할 필요가 있다. 창작과 비평

1 이 장의 전반적인 내용은 다음 글을 대폭 수정한 것이다. 김병희 (2003), "새로운 창작과 비평의 자세", 〈광고심의〉 10(1), 44~46.

이 상호작용을 하면 우리나라 광고표현의 지반이 그만큼 탄탄해질 것이기 때문이다.

현대 광고는 다양한 영역에서 사회적 상호작용의 기반을 형성하며 수용자에게 영향을 미친다. 김병희(2004)[2]와 이현우(2006)[3] 그리고 릿슨과 엘리엇(Ritson & Elliott, 1999)[4]이 언급했듯이, 광고 창작물은 더 이상 광고주나 광고 기획자의 몫만이 아니며 광고 수용자의 적극적인 참여를 통하여 새로운 의미를 형성하고 창출하는 사회문화적 코드가 되었다. 또한, 미디어 비평은 소통을 전제로 생산되기 때문에 담론의 형식을 띨 수밖에 없다. 따라서 미디어 비평은 일방적 소통이 아니라 상호작용하는 커뮤니케이션 채널이 되며, 읽고 버리는 소비재의 기능이 아닌 읽은 다음에 새로운 논의와 쟁점을 제기하는 생산재의 가능을 한다. 광고비평 역시 닫힌 공간의 글쓰기가 아닌 수용자의 광고태도에 영향을 미치는 커뮤니케이션 수단일 수 있다.

또한, 새로운 광고창작 정신이란 무엇인가? 지금까지 우리

---

2 김병희(2004), "문화기술지적 수용자반응비평", 김영찬 외, 《광고비평의 이해》, 한울아카데미, 224~247쪽.

3 이현우(2006), "방송광고비평에 대한 수용자 반응 접근", 김병희 외, 《방송광고와 광고비평》, 나남출판, 283~304쪽.

4 Mark Ritson & Richard Elliott(1999), "The Social Uses of Advertising: An Ethnographic Study of Adolescent Advertising Audience", *Journal of Consumer Research*, 26(3), pp. 260~277.

는 상품-시장-소비자라는 광고 삼각형의 꼭짓점을 어디에 찍느냐, 다시 말해서 강조점을 어디에 두느냐에 따라서 광고의 삼각형을 다르게 그려왔다. 상품이나 시장을 지나치게 강조하는 이등변 삼각형을 그리기도 하고, 소비자를 강조한다고 해서 마치 첨탑처럼 꼭짓점이 멀리 떨어진 삼각형을 그리기도 하고, 경우에 따라서 상품과 시장과 소비자가 애매하게 동거하는 정삼각형을 그리기도 하였다. 광고 창작자들은 간혹 세인들의 입에 오르내리는 히트 광고를 만들기도 하였으나, 많은 경우 그 많은 광고들이 다 어디 갔는지, 그 많던 브랜드가 어디서 무엇이 되어 익명으로 떠돌지 알 수 없을 때가 많았다.

그 많은 광고들이 태어나던 그 순간에는 모두 다 '새로운' 광고였을 것이다. 누가 새롭지 않은 광고를 만들겠는가. 그러나 시간이 지나고 보면 과연 무엇이 새로움이었는지 알 수 없다. 혹시 만드는 사람들만이 새롭게 느끼는 것은 아니었을까? 하늘 아래 새로운 것은 없다고 한다. 더욱이 광고에서의 새로움이란 무에서 유를 창조하는 것이 아니라 기존에 있는 사물간의 관계를 새롭게 해석하는 것뿐이라는 거장들의 조언도 주목할 필요가 있겠다. 그렇다면 광고에서 새로움을 추구하기란 처음부터 불가능한 일이었을까? 결코 그렇지 않다.

결국 현상이 아니라 정신의 문제이다. 강렬한 실험정신만이 창작에 있어서의 새로움을 담보해준다고 본다. 정말 새로운 창작을 위한 실험은 예술적 전위정신과 더불어 역사적 · 사회적 엘리트 의식, 그리고 너그러운 계몽적 정열을 갖추어야 한다. 광고회사에서 광고 창작자의 역할을 중요시하는 까닭은 그들이 특별히 잘 났거나 기획팀이나 매체팀에 비해 일을 더 많이 해서가 아니라, 소비자와의 궁극적 접점인 광고물의 최종 생산자이기 때문이다. 소비자들이 광고 창작자의 의도대로 반응해주면 더할 나위가 없겠지만 광고를 보기 위해 애써 노력하는 사람들은 거의 없다는 사실은 광고 창작자들에게 그만큼 전위적인 실험정신이 필요함을 의미한다.

새로운 것에의 도전이 진정 가치 있고 아름다운 것은 불길한 조짐이 뻔히 보이는데도 도전하고 피 흘린 실험정신 때문이다. 도전하고 피 흘린 실험정신은 광고의 삼각형이라는 정형된 틀을 깨트리고 점 하나만으로도 분명한 메시지를 전하고 선분 하나만으로도 소비자의 인식을 바꾸고 브랜드의 가치를 올리는 그런 역할을 하게 될 것이다.

또한, 새로운 창작정신이란 광고비평에 대폭적인 문호개방을 하는 열린 정신을 의미한다. 달건 쓰건 비평에 눈길을 주고 귀를 기울일 수 있어야 한다. 비평이란 결코 맹목적인 비판이나 비난이 아닌 광고 창작자와 생산적 긴장관계를 유지하면서 또 다른 관점을 제시하는 정신의 뜨거운 촉수라고 할 것이다. 이때, 광고비평은 광고 창작자와 일정한 거리를 유지하며 수용자의 광고해독에 안내자 역할을 하기도 하고 다른 각도에서의 광고이해의 폭을 제공하기도 한다.

인간과 인간의 생활세계는 날로 변하고 있다. 놀이하는 인간(*homo ludens*)이 있는가 하면 노동하는 인간(*homo faber*)도 있는데, 이제 광고하는 인간(*homo advertistus*)이 사회 속에서 급격히 부상하였다. 현대 광고가 단순히 상품판매를 위한 하나의 수단에 머무르지 않고 대중문화를 주도하고 있는 상황에서 광고하는 인간은 갈수록 주목을 받을 것이다. 이런 상황에서 광고창작물은 더 이상 광고주나 광고 기획자 그리고 광고 창작자만의 몫이 아니며 광고 수용자의 적극적인 참여를 통하여 새로운 의미를 형성해나가는 사회·문화적 코드가 된다.

따라서 광고비평은 단순히 광고 텍스트 자체의 해석에만 머물러서도 안 되며 광고에 대한 홍보적 안배 차원에서의 주례사 비평이 되어서는 더더욱 안 된다. 지금 우리는 "문제는 자신의 시대를 선택하는 것이 아니라 주어진 시대에서 자신을 선택하는 것이다"라는 사르트르의 말을 다시 한 번 되새길 필요가 있겠다. 우리에게 주어진 시대 속에서 광고비평은 창작의 감시자 역할을 하는 동시에 창작의 선도자 역할을 맡아야 한다.

새로운 광고비평 정신이란 무엇인가? 가장 시급한 당면과제는 성급한 인상비평을 지양하고 광고물이나 광고제도의 분석과 해석에 가장 타당한 방법론을 찾는 일이다. 앞에서 살펴본 광고비평 방법론은 다음과 같다. 즉, 기호학적 비평, 신화 비평, 이데올로기 비평, 페미니즘 비평, 사회학적 비평, 제도적 비평, 수용자반응 비평, 마케팅적 비평, 담론 분석, 정신분석학적 비평 같은 10가지가 그것들이다. 우선 이상의 비평방법론에 대한 포괄적이고 심층적인 이해를 바탕으로 해당 광고물이나 광고제도에 대한 실천비평을 활발하게 수행하여야 한다. 이는 광고현상에 대한 수많은 이야기나 에세이 그리고 담론들에 대하여 객관성을 확보하는 전제이며, 광고비평 스스로 자생력을 갖추는 대안모색의 과정이다.

그러나 이상에서 언급한 방법의 적용에만 머무르면 또 다른 틀 속에 비평정신이 갇히는 꼴이 되며 건강한 비평정신을 부패하게 만든다. 따라서 마치 윌리엄 번벅이 광고창작에 있어서 법칙을 알되 과감하게 그것을 깨트려야 한다고 했듯이 광고비평에 있어서도 방법론의 노예가 되어서는 곤란하다. 방법론으로 철저히 무장하되, 비평가 집단이 형성되고 상당한 비평적 성과들이 축적된 이후에는 과감하게 방법론의 감옥에서 탈주하여 예리한 감각의 촉수를 바탕으로 광고비평 역시 또 하나의 창작임을 몸으로 실천해야 한다.

또한, 앞으로의 광고비평은 평가만 하고 대안제시는 없는 무책임성에서 벗어나 창작의 토양을 비옥하게 일구는 창작 예비군이 되어야 한다. 창작이 있는 곳에 비평이 있다고는 하지만 그런 사후적 역할에만 머무르기보다 광고에 대한 전망의 제시나 해당 광고나 광고제도에 대한 비판적 제언을 아끼지 않음으로써 반드시 창작을 위한 밑거름이 되어야 한다. 굳이 우리가 광고비평을 하는 이유는 바로 창작을 위해 이렇게 기꺼이 봉사할 수 있기 때문이다.

이제, 새로운 창작과 비평의 자세를 가다듬을 때가 왔다. 창작은 비평의 먹잇감도 아니요 비평 역시 창작이 타도해야 할 적도 아니다. 알고 보면 광고창작 현장에서 무수히 겪게 되는 리뷰과정이나 광고주의 까다로운 승인과정도 알고 보면 광고비평의 초기단계가 아니었겠나? 그래서 광고비평은 비난이 아닌 발전지향과 대안모색의 자리가 되어야 한다. 광고 창작자들이 큰 의미를 두지 않은 부분들을 비평에서 지적하고 관심을 유발할 때 창작과 비평은 생산적 긴장 관계 속에서 조화롭게 동거할 수 있을 것이다.

진정한 광고비평가는 활활 타오르는 비평정신을 곧추세운 채 정교하며 치밀한 방법론으로 무장해야 한다. 또한, 광고에 대한 홍보적 글쓰기를 철저히 거부하면서 양심이 살아 있는 판관이 되어야 한다. 비평의 깊이와 범위가 광고문화와 관련된 것이건, 지금의 광고제도에 관련된 것이건, 아니면 끼리끼리 덮어주며 통하는 음험한 불문율이건 관계없이 광고비평가는 그것들을 하나도 남김없이 숨이 턱턱 막히는 밀실에서 꺼내 햇빛 찬란한 광장으로 내보내야 한다. 그리하여 대중문화의 지형도에서 광고의 길찾기를 하는 동시에, 목마른 광고 수용자들의 '알 권리'를 시원하게 적셔주어야 한다.

이제, 전문 광고비평가 집단이 형성되어 바야흐로 광고비평의 시대가 활짝 열리기를 기대한다.

찾아보기

김병희 kimthomas@hanmail.net

현재 서원대학교 광고홍보학과 교수이다. 서울대학교 국어국문학과 졸업, 연세대학교를 거쳐 한양대학교 대학원 광고홍보학과에서 광고학 박사를 받았다. 미국 일리노이대학교(Urbana-Champaign) 광고학과 방문연구교수를 역임했으며, 현재 한국광고학회 이사, 한국광고홍보학회, 한국언론학회, 미국광고학회 회원이다. 주요 저서로 《소비자는 어떤 광고에 반응할까?》(2008), 《광고카피창작론》(2007) 등 다수가 있으며, "1920~1930년대 영화광고와 보도기사에 나타난 영화 마케팅 메시지 분석: 근대광고의 미시사"(2008), "광고 창의성 측정을 위한 척도개발과 타당성 검증"(2006) 같은 광고에 관련된 논문을 주요 학술지에 발표했다.

강승구 kangsk@knou.ac.kr

현재 한국방송통신대학교 방송정보학과 교수이다. 연세대학교 신문방송학과 학사 및 동대학원 석사, 미국 미주리주립대학교(Columbia)에서 광고학 석사 및 박사를 받았다. 현재 한국언론학회, 한국광고학회, 한국광고홍보학회, 미국광고학회 회원이다. 주요 저서로 《현대 광고의 이해》(공저, 1998), 《성공적인 기업이미지 마케팅》(1998) 등 다수가 있으며, "향수 및 향수광고에 대한 소비자의 교차태도 연구"(1999), "인쇄광고의 크리에이티브 요소 중 컬러의 효과에 관한 연구"(1998) 같은 광고에 관련된 다수의 논문을 주요 학술지에 발표했다.

원용진 yongjin@sogang.ac.kr

현재 서강대학교 신문방송학과 교수이다. 서강대학교 신문방송학과 학사 및 동대학원 석사, 미국 위스콘신대학교(Madison)에서 커뮤니케이션 아트로 박사를 받은 다음 동국대학교 교수, 한국영상문화학회장을 역임했다. 주요 저서로 《PD 저널리즘》(2008), 《아메리카나이제이션》(2008), 《텔레비전 비평론》(2001) 등이 있다. "화폐읽기"(2008), "청소년 담론 분석"(2007), "8 · 15 해방의 사회적 소통"(2007) 같은 대중문화에 관련된 논문을 주요 학술지에 발표했다.

031) 955-4600 나남
www.nanam.net nanam

상상력 공장장_임헌우 교수가 들려주는 꿈과 희망,
그리고 상상력에 관한 감동적 메시지

상상력에 엔진을 달아라

임 헌 우(계명대) 지음

당신의 잠재력을 열어줄 캔 오프너!

상상력 공장장 임헌우 교수의 이 책은 기발한 광고 아이디어, 복잡하고 다양한 마케팅의 법칙들을 풍부한 시각자료와 함께 유쾌한 필치로 소개한다. 당신의 생각에, 그리고 열정에 상상력의 터보엔진을 달고 싶은가?

· 크라운판 변형 · 올컬러 · 값 18,000원

"편집디자인은 모든 디자인의 시작이자 끝이다."
"편집디자인은 정보와 공간에 대한 설계 시스템이다."

새로운 편집디자인

임헌우
한상만(계명대) 공저

편집디자인의 개념도 달라져야 한다!
급격하게 변화하는 미디어 환경을 효과적으로 반영하면서도 디자인의 기본 원리와 개념은 충실히 담아낸, 편집디자인의 새로운 지침!

· 4×6배판 · 올컬러 · 값 22,000원

한국광고사(개정3판)

신인섭(한림대) · 서범석(세명대) 지음

120년 대한민국 광고역사를 한눈에!

이 책은 1986년 출간했던 《한국광고발달사》의 세 번째 개정판으로, 1886년에 첫 신문광고가 게재된 뒤부터 120여 년이 더 지난 오늘까지 한국광고가 변화해 온 과정을 시대별로 보고, 기록한 한국광고 역사서다. 광고카피와 디자인, 광고매체의 변화 흐름과 더불어 근대 이전, 개화기, 일제강점기, 한국전쟁, 군부체제, 민주화, 그리고 영상시대, IT시대가 도래하기까지, 시대별 '광고'의 성장과 쇠퇴, 침체와 개방을 통해 한국의 정치, 경제, 사회, 문화, 언론의 다채로운 변화과정을 들여다볼 수 있다.

4×6배판 | 480면 | 30,000원

현대광고기획론

서범석(세명대) 지음

소비자의 마음을 움직이는 파워 광고기획!

이제 광고기획은 광고전략이라는 좁은 공간에서 벗어나 소비자 관점에서 출발한 통합적마케팅커뮤니케이션이라는 새로운 패러다임으로 변화하게 되었다. 1부에서는 광고기획의 기본모형을 통해 광고의 기본적 지식을 습득하고, 2부에서는 마케팅커뮤니케이션의 변화, 데이터베이스마케팅, 고객관계 관리, 통합적마케팅커뮤니케이션을 새로운 전략모형으로 다루었다.

크라운판 | 320면 | 15,000원

나남 nanam 031)955-4600 www.nanam.net

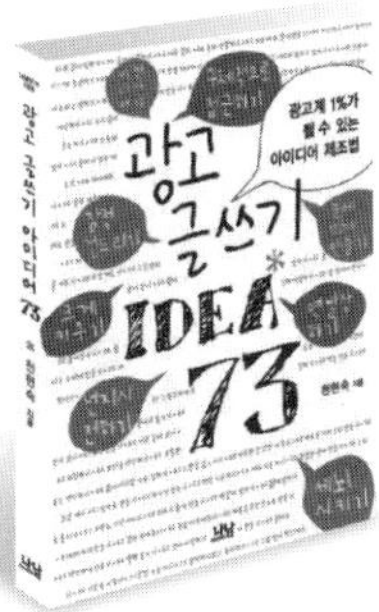

광고글쓰기 아이디어 73

천현숙 (세명대) 지음

광고계 1%가 될 수 있는 아이디어 제조법!

카피라이터 출신 저자의 아이디어 제조법을 공개한다. 좋다고 인정받는 아이디어에는 어떤 기법이 숨어있는가를 꾸준히 분석해서 찾아낸 기법들을 모두 모아서 정리한 것이 바로 이책이다. 이 책에는 아이디어를 내는 기법 73가지가 담겨 있다. 이 73가지 기법은 뭔가를 계속 써내야 하는 사람, 글과 말로써 누군가를 설득해야 하는 사람에게 실질적으로 도움이 될 것이다.

크라운판 변형 | 올컬러 | 328면 | 24,000원

카피라이터 출신 교수들이 쓴

광고카피의 이론과 실제

조병량 (한양대) 外 지음

전 카피라이터들의 살아 숨 쉬는 광고카피 강의!

현재 전국의 각 대학에서 광고카피를 가르치는 유명 광고기획사 카피라이터 출신 교수 14명이, 자신의 현역시절 경험과 교육을 통해 발견한 통찰력을 접목하여 카피에 관한 글을 썼다. 외국의 광고까지 아우르는 최신 광고 중심의 풍부한 카피 예문과 사진자료는 이론과 실제를 연결할 수 있도록 도와준다.

크라운판 | 524면 | 28,000원

나남 nanam 031)955-4600 www.nanam.net

광고신시대 – 인터넷×광고의 멋진 관계

덴츠 광고신시대 프로젝트 팀 지음
휘닉스커뮤니케이션즈 옮김

100년 전통 덴츠, 인터넷광고를 말하다!

세계 일류의 광고대행사 덴츠의 현장지혜와 노하우가 담긴 책으로 인터넷광고 분야의 새로운 지침서다. 덴츠는 인터넷광고시대를 '광고신시대'라고 정의하고, 이 분야에서 초창기부터 지금까지 최전선에서 활약하고 있는 프로 6명이 실전에서 살릴 수 있는 사례를 소개한다. 또한 인터넷광고의 역사와 다양한 기술의 변천, 실천적인 사이트의 구축과 집객의 노하우, 빠지기 쉬운 실수, 기존 광고매체인 신문이나 텔레비전 광고와의 공존 등을 포괄적으로 논한다.

4×6배판 | 올컬러 | 264면 | 값 24,000원

크로스위치

세계 No.1 광고대행사 덴츠의 크로스미디어

덴츠 크로스미디어 개발 프로젝트 팀 지음
휘닉스커뮤니케이션즈 마케팅플래닝본부 옮김

크로스미디어로 소비자의 마음을 스위치 ON!

이 책은 참여, 공유, 개방의 커뮤니케이션 2.0 시대에 걸맞은 크로스미디어 커뮤니케이션 전략을 담고 있다. 특히 정보 과잉의 시대를 살고 있는 소비자들에게 "어떻게 우리 브랜드를 알리고 구매까지 연결시킬 수 있을까?"라는 고민에 대한 명쾌한 해답을 제시하고 있다. "크로스미디어를 통해 소비자의 마음에 스위치를 켠다"라는 뜻의 신조어인 크로스위치(Crosswitch)는 그간 광고대행사가 답습해왔던 광고 캠페인의 틀을 과감히 벗어 던지라고 주문하고 있다.

신국판 변형 | 222면 | 값 14,000원

나남 nanam 031)955-4600 www.nanam.net